実録・明治学院大学〈授業盗聴〉事件——盗聴される授業、検閲される教科書　＊目次

まえがき

「大学の方針に反対している教員が複数いたので、授業を録音していた」（調査委員長）

大学当局が教授に無断で講義を録音し、告発した教授を解雇した「明治学院大学事件」。本書は、事件の発生から東京地裁による解雇無効判決を経て東京高裁での和解にいたるまでの事件の全貌を明らかにする。事件の概要、教授側の主張、大学側の主張、関係者の証言、地裁の判決文、高裁の和解案、法学者の意見、マスコミの報道、メディアの記事などを収録。本来「学問・教育・表現の自由」が保障されるはずの大学界への教訓として、ここに公刊する。

明治学院大学では、慣例的に授業を録音したり教科書を検閲したりして、大学の方針に反対する教員を調査し解雇していた。「日本の大学界の病弊を象徴する大事件」と呼ばれた、この「明治学院大学事件」をきっかけにして、編者は、大学における学問・教育・表現の自由について考えるようになった。そして、大学関係者と協力してさまざまな主張や意見をまとめたブックレットをこれまでに刊行してきた。本書は、日本の大学が直面する問題を取り上げる論集「学問の自由」シリーズの第五弾である。まずは既刊の第一弾から第四弾までのタイトルを紹介しておこう。

第一弾『大学における〈学問・教育・表現の自由〉を問う』（法律文化社、二〇一八年）
第二弾『大学の危機と学問の自由』（法律文化社、二〇一九年）
第三弾『大学の自治と学問の自由』（晃洋書房、二〇二〇年）
第四弾『表現の自由と学問の自由――日本学術会議問題の背景』（社会評論社、二〇二一年）

第五弾に当たる本書『実録・明治学院大学〈授業盗聴〉事件――盗聴される授業、検閲される教科書』は、明治学院大学事件の基本資料を収めたものである。

序章「明治学院大学〈授業盗聴〉事件とは」は、本件解雇事件を時系列で説明した概要である。第一章「授業の盗聴と教科書の検閲――教授側の主張」は、原告の教授が裁判所に提出した陳述書の要旨であり、第二章「組織を守るための秘密録音――大学側の主張」は、被告の大学が裁判所に提出した書面・陳述・証言の抜粋である。第三章「無断録音を謝罪して和解へ――裁判所の判断」は、労働審判から東京地裁を経て東京高裁にいたるまでの裁判所の判断であり、第四章「教員解雇事件と職員解雇事件――二つの明治学院大学事件」は、明治学院大学の「教員」解雇事件と、それに先立つ「職員」解雇事件の判例記録である。第五章「「学問の自由」の侵害――新聞報道から」は、事件についての新聞報道であり、第六章「明治学院大学の「犯罪」――論説記事から」は、事件についての雑誌での論説記事であり、第七章「大学の危機と人権侵害――学術書籍から」は、事件についての学術書籍での紹介記事である。終章「紛争終結ではなく真相究明を――裁判経験から」は、日本の民事訴訟の特徴である当事者の弁論主義と裁判官の自由心証主義についての編者自身の感想である。

なお、労働審判での調停から東京地裁での判決を経て東京高裁での和解にいたるまでの裁判記録については、本書とは別に、「明治学院大学事件資料集」として公刊予定である。

序章　明治学院大学〈授業盗聴〉事件とは

第一節　「明治学院大学事件」とは何か

「先生がどのような発言を学生にしているのかを調査する必要がありました。そこで、教職員が直接聞くこととなり、聞き逃す可能性があったので録音したのです」（明治学院大学）

明治学院大学事件とは、大学当局が教授に無断で授業を録音し、無断録音を告発した教授を解雇した事件のことである。この事件はその後、解雇された教授が裁判に訴えたため、「大学における学問・教育・表現の自由の根幹を揺るがす大事件」として広く知られることになった。

裁判では、まずは労働審判委員会において教授の復職が提案され、つぎに東京地方裁判所において解雇無効の判決が下され、そして東京高等裁判所において和解が成立するに至った。法律上の争いは終わったので、事件の経緯を振り返っておきたい。

第二節　組織を守るための授業盗聴と教科書検閲

はじめに、明治学院大学事件の概要を説明しておこう。

二〇一六年一〇月、大学の盗聴行為を告発したために解雇された教授が、地位確認を求めて東京地方裁判所に労働審判の申し立てをした。申し立てによると、明治学院大学は、授業を無断で録音されたことに抗議し告発した教授を懲戒解雇していた。

大学の組織的な盗聴行為を告発して解雇されたのは、教養科目の倫理学を担当する教授で、大学当局が教授の授業を盗聴して秘密録音し、授業の録音テープを本人に無断で使用していた。

大学は裁判になってはじめて授業の録音を認めたが、大学が裁判所に提出した録音テープには、教室にいた教員と学生たちの話し声が記録され保存されていた。

法律用語では、相手の発言を無断で録音することを「秘密録音」というが、話し手でも聞き手でもない第三者が無断で録音することを「盗聴」という。今回の無断録音は、第三者である教職員が教室に潜入して教員や学生の発言内容を秘密裏に録音していることから、明確な盗聴行為であるといえる。

大学当局によれば、明治学院大学では授業の盗聴が「慣例」として行われており、今回の秘密録音も大学組織を守るために行ったとのことだった。この点について副学長はつぎのように語っている。「組織を守るための一つの手段として録音が必要だったわけですから、何も問題ないです」。

教養科目を担当する別の教員もまた、授業を盗聴されたうえ「職務態度に問題がある」との理由で解雇されていた。

明治学院大学では、授業を調査するための盗聴ばかりか、大学の教育理念であるキリスト教主義を批判しないように、授業で使う教科書を検閲したり、学生の答案用紙を抜き取って検閲したり、プリント教材を事前に検閲して配付を禁止したりしていた。

「大学の慣例では、授業もテストも公開されているから」というのが、大学当局の言い分だった。ところが、教授が大学当局による授業の盗聴と秘密録音を公表すると、大学側は「名誉を毀損された」との理由で教授を解雇してきた。そこで、解雇された教授が裁判所に地位確認の申し立てを起こしたので、授業を秘密録音して教員を解雇した「目黒高校事件」（一九六五年）と同様、学問・教育・表現の自由をめぐって争われることになったのである。

では、事件の詳細を見ていこう。

第三節　明治学院大学「授業盗聴」事件の詳細

二〇一五年四月、春学期一回目の授業を聞くため横浜キャンパスでもっとも大きな七二〇教室に二〇〇人の学生が集まっていた。そこに授業を調査するように指示された教職員がこっそりと忍び込んでいく。教授が話し始めると、教職員はあらかじめ用意していたスマートフォンを使って教授の発言を録音する。授業が終わると、スマートフォンの録音データをＩＣレコーダーにダビングして、これを調査委員会に手渡すのである。

調査委員は録音を聞き、テープ起こしされた反訳を読んだうえで、調査対象の教授を呼び出して尋問する。授業の録音があることは隠したまま、教授に対し、「授業の中で、大学の方針に反することを語っていたのか」と、詰問していく。その後、調査委員長が尋問の結果を教授会に報告して、その教授を処分するのである。これが明治学院大学の伝統的な手法である。

大学当局は、法に触れないぎりぎりのところで盗聴行為を繰り返して授業の秘密録音をしていた。日本の法律では、盗聴も秘密録音もそれだけでは違法行為とはならないので禁止されてはいないし罰せられることもない。このあたりは顧問弁護士がしっかりしていて、大学執行部や調査委員会に事前に指示を出しておく。慣例的に授業の盗聴を行っている明治学院大学では、法的な対応にはぬかりがない。たとえ盗聴行為や秘密録音がばれたとしても、裁判にでもならなければけっして事実を認めることはないし、ましてや録音者や録音資料を開示することもしない。「録音について説明する必要もないし、録音を開示する義務もない」というのが、大学当局の公式見解だ。

二〇一五年一二月、明治学院大学は、授業の中で大学の運営方針を批判していたとして教授を厳重注意する。本当は懲戒処分にしたかったのだが、大学を批判した程度で懲戒処分にすると裁判で負けるからという顧問弁護士のアドバイスに従って、とりあえずは注意したことにして、つぎの機会に確実に解雇できるようにと注意を重ねていく。細かな注意を積み重ねていくことを、明治学院大学では「がれき集め」と呼んでいる。

ところが、ここから予期せぬ方向へと事態は急展開していく。厳重注意がなされたので、授業を盗聴された無断録音された教授は、録音テープを使用していた嶋田彩司調査委員長の名前を公表して大学当局を告発する。教室に忍び込んで録音していた者を特定して訴えようとしたのである。

大学の不正行為を知った学生たちは、手分けをして情報収集に出かけていく。調査委員長のところに行った学生によると、「大学の方針に反対する教員が複数いて、教授もその一人だったから、授業を録音していた」とのことだった。学生は調査委員長の言葉をしっかり録音していた。場合によっては、録音テープを公表してもよいのかもしれない。

大学当局による授業の盗聴と秘密録音が学生たちのあいだにも知れ渡ると、大学は開き直って、授業の録音は正当なものであると言い逃れをしてきた。にもかかわらず、調査委員長があたかも不正行為にかかわったかのごとき告発をしたので、大学側は当該の教授に訂正と謝罪をさせようとしてきたが、あわてて火消しに走ったため、逆に、学生たちが教授を支援したり、大学を非難したりするに至り、事態は炎上した。

教授が行ったアンケート調査によると、多くの学生が大学の盗聴行為を「犯罪」だと非難していた。この調査結果を教授が公表しようとすると、ついには理事会が出てきて、二〇一六年一〇月になって盗聴行為を告発した教授を懲戒解雇したのである。

ところが、懲戒解雇はハードルが高いので裁判では認められないという顧問弁護士からの助言もあり、ハードルの低い普通解雇を抱き合わせにして教授を解雇することにした。普通解雇の理由は何もなかったから、いつのまにか明治学院大学のキリスト教主義を批判する不適切な教員ということになっていた。

理事会は、まずは解雇しておけばよいだろうと考えて、たとえ裁判になっても、どうせ民事訴訟なのだから金さえ払えば済むだろうと予想していた。ここが、裁判で負け続けている明治学院大学の浅はかなところだ。

顧問弁護士と相談した副学長は、「定年までの賃金の半分を支払えばよいから、八〇〇〇万円から九〇〇〇万円くらい、解雇が無効だとしても、一億円から一億数千万円の和解金を支払えば済むことだ」と豪語していた。こんな生々しい話もしっかり録音されていて、保有資産が総額で一〇〇〇億円を超える明治学院大学らしい話になってきた。

法曹界ではよく知られた話だが、明治学院大学には「前科」があって、二〇一〇年にも不当解雇裁判で敗訴しており、解雇した事務職員に三五〇〇万円の和解金を支払っていた。

第四節　労働審判委員会の調停

二〇一六年一〇月、解雇された教授が東京地裁に地位確認の労働審判を申し立てたところ、同年一二月に一回目の協議が開かれることになった。

労働審判とは、審判官役の裁判官と経営者側の審判員と労働者側の審判員の三人からなる裁判員裁判で、解雇や給料の不払いなど、労働関係のトラブルを解決する簡易裁判だ。

一回目の協議において、労働審判委員会は、大学側と教授側の双方の主張を聞いて、すぐさま解雇を無効と判断して教授の復職を提案した。大学側は事前に、復職を内容とする解決はできないが、その他の条件による解決は検討すると労働審判委員会に回答していたので、事前回答のとおり労働審判委員会の調停案を拒否した。

審判官役の裁判官は何とか調停を成立させようと条件を探っていたが、民間の審判員はむしろ、授業を無断で録音したのはだれなのかと、授業の盗聴を問題視していた。これに対して大学側からは明確な回答はなく、「事情のわかる者が出席していないので」と話題を逸らしていた。盗聴に関与していた教員もその場に同席していたのだが、大学側は授業を無断で録音していた者をひたすら匿っていたので、労使双方の審判員にとって、大学側の印象はかなり悪かったようだ。

大学側が労働審判委員会の調停案を頑なに拒否していたので、和解は不成立となり労働審判は終了した。和解が成立せずに終了した場合、労働審判は本来の訴訟となって同じ裁判所に提訴される。そこで、二〇一六年一二月、本件解雇事件は東京地裁に地位確認訴訟としてあらためて提訴されることになった。

第五節　東京地方裁判所の判決

教授と大学の争いの場が東京地裁の法廷に移ると、原告と被告から数回にわたって主張と証拠を記した書面が提出され、双方の主張が戦わされた。

主張の内容は労働審判のときとまったく同じものであったが、明治学院大学は、裁判対策として経営者側の労働審判員をしている東京電力の副社長を理事長に据えていた。

原告と被告の双方の主張が尽きると、事件にかかわった者の証人尋問が行われることとなった。原告側からは解雇された教授、被告側からは盗聴に関与していたセンター長、録音を使用していた調査委員長、教材を検閲していた教務課長が選ばれた。

証人尋問では、授業を盗聴していた張本人が「授業の無断録音は許されるべきではない」と真面目な顔つきで証言していたので、大学側の顧問弁護士は慌てふためいていた。証人尋問での発言内容は、本書でその一部を紹介し、全文を後日公開することにしている。

証人尋問ののち、裁判所の提案ですぐさま和解協議に入った。二〇一八年四月、東京地裁は、解雇の撤回と無断録音の謝罪を和解案として提示した。裁判所が提示した和解案は、①解雇は無効なので大学は教授の解雇を撤回すること、②無断で録音するのはよくないので大学は教授に謝罪すること、③大学は教授に一年間のサバティカル（研究休暇）を与えることなどであったが、双方の希望が折り合わず和解協議は不調に終わった。

そしてついに、二〇一八年六月、東京地裁は、解雇は違法であるとの判決を下した。判決文は、つぎのとおりである。

一　原告が被告に対して労働契約上の権利を有する地位に在ることを確認する。

二　被告は、原告に対し、三三万二七一四円及びこれに対する平成二八年一〇月二三日から支払済みまで年五％の割合による金員を支払え。

三　被告は、原告に対し、平成二八年一一月二二日からこの判決の確定の日まで、毎月二二日限り、六九万八七〇〇円及びこれに対する各支払期日の翌日から支払済みまで年五％の割合による金員を支払え。

四　原告のその余の請求をいずれも棄却する。

五　訴訟費用は、これを一四分し、その五を原告の負担とし、その余は被告の負担とする。

判決の内容を簡単に説明するとつぎのようになる。

一　大学による解雇は無効なので、原告に教授の地位を認める。

二　大学は教授に解雇月の賃金の残りと遅延金を支払え。

三　大学は教授にその後の賃金と遅延金を支払え。

四　教授の大学への慰謝料請求は認めない。

五　裁判費用については、教授が三割、大学が七割を支払え。

裁判費用の負担割合からわかるように、原告の七割勝訴である。

結論としては、大学による解雇は労働契約法の解雇権を濫用したものだから無効であり、教授の地位と賃金を認めたものの、授業の無断録音は教授の人格権を侵害するものとまではいえないから慰謝料は認めない、というものだった。

まず、懲戒解雇について見ると、大学は教授の四つの行為（①録音に関与した教員の氏名を公表したこと、②教授会の謝罪要請に応じなかったこと、③無断録音について学生にアンケート調査をしたこと、④調査結果を公表しようとしたこと）について、就業規則の懲戒理由に該当すると主張していた。これに対して裁判所は、①と②については、教授にも落ち度があるとして就業規則への該当性は認めたものの、大学が教授に対し録音行為について何ら説明していなかったこと、教授会の要請が教授の認識に反する見解を表明させるものであったことから、懲戒解雇には該当しないと判断した。

つぎに、普通解雇について見ると、大学は教授の授業における言動やキリスト教を批判する教科書を解雇理由として主張したが、裁判所は、教授の言動もそれほど重大なものではなく意見聴取もされていないし、教科書のキリスト教批判も風刺と理解できるから普通解雇には該当しないと判断した。

そして、慰謝料請求について見ると、教授は無断で授業を録音されたから人格権が侵害されたと主張するが、大学が録音したのは一回目の授業で行われたガイダンス部分であったから、研究や教育の具体的な内容を把握するためのものではないし、録音は大学の管理運営のための権限の範囲内において行われたものであるから違法ではない、というものだった。以上の理由から、裁判所は、授業の無断録音は、教育基本法の不当な支配には当たらず、教授の研究活動を侵害し自由な教育の機会を奪うものではないと判断した。

判決の意義としては、大学当局に反対の意見を表明した教授の解雇について、裁判所が大学教授に憲法二三条の教授の自由が保障されていることを重視して、解雇を無効と判断した点は評価できる。大学の組織運営に対する反対意見を表明したり、大学が標榜する教育理念を批判したりしただけで解雇するといった不寛容を許さないという意味がある。しかしながら、裁判所が一般論として教授に断ることなく授業を録音することは不法行為を構成すると認めながらも、本件では録音がおもに初回授業のガイダンスであった点を重視するあまり慰謝料請求を否定した点に不満が残った。

第六節　東京高等裁判所の和解案

二〇一八年七月、被告の明治学院大学は、東京地裁の判決を不服として東京高裁に控訴した。ついで、原告の教授も慰謝料の支払いを求めて東京高裁に控訴した。こうして、原告と被告の双方が控訴した結果、本件はひきつづき高裁にて審理されることになった。

高裁に控訴理由書が提出されたあと、二〇一八年一二月、裁判所は解雇無効の判断を示し、つづいて和解案の協議に入った。高裁の裁判長によると、判決で地位を確認することもできるが、裁判所が教授の地位を確定すると、大学側はすかさず教授から准教授への降格という新たな懲戒処分を出してくるだろうから、ここは判決ではなく和解で終えるほうがよい、とのことだった。

高裁が出した和解案は、地裁の和解案に足して、大学が教授に退職までの賃金を支払い、双方が袂を分かつことであった。すなわち、解雇事件にはよくある金銭による退職和解である。そこで大学側は何度も金額を提示してきたが、教授側が示した和解のための条件は金銭ではなく大学側の謝罪であったので、和解協議は難航を重ねた。

二〇一九年三月、高裁は大学側の謝罪と和解金の支払いという再度の提案をしたが、和解は不成立となった。和解協議が決裂したところで、裁判官の人事異動があり、三名の新しい裁判官のもとで審理は振り出しに戻った。

高裁での再審理では、まずは、大学が教授を解雇するにいたった解雇理由が問題にされた。大学は教授を解雇するまえに、懲戒解雇理由を四つ、普通解雇理由を一つ、合計で五つの解雇理由を教授に提示していた。その後、労働審判では一〇個、地裁では二〇個、高裁では三〇個もの解雇理由を裁判所に挙げてきた。たとえば、教授は通院のために授業を休講にしたり、学生の成績評価を甘くしたりしたなど、些細な理由を追加していた。

労働法上、労働者を解雇するときには、解雇前に経営者は解雇理由を告げていなければならないから、裁判所は、大学が高裁に提示した解雇理由三〇個のうち、解雇前に提示されていなかった二五個を無効とした。

懲戒解雇ではなく普通解雇の場合には、解雇後に解雇理由を加えてもよいものだと労使双方の弁護士が考えていたので、裁判所の厳格な判断が示されたとき、法廷にはどよめきが起こった。大学側の弁護士は、普通解雇であれば解雇理由を事前に説明する必要はないのだから、裁判になってはじめて解雇理由を挙げても問題はないとしつこく食い下がっていたが、大学側のこの主張を裁判所はきっぱりと退けていた。

つぎに、大学が教授を解雇したあとの教授の行為が問題とされた。大学側は、解雇後の教授の行為を解雇理由として追加してきたからである。たとえば、教授は地裁で勝訴したので著名な憲法学者とともに記者会見を開いたり、明治学院大学のスクールカラーであるイエローを使用したブックレットを公刊したりして、大学の名誉をさらに傷つけたというものであった。しかし、労働法上、労働者の解雇後の行為を解雇理由にすることは認められていないから、裁判所は、大学側のこの主張も全面的に退けた。

高裁の審理で確認されたのはつぎの二点である。

①解雇後に提示された解雇理由は認められないし、②解雇後の行為は解雇理由として認められない、というものである。正確にいうと、懲戒解雇であっても普通解雇であっても、①解雇理由は労働者に対し解雇前に明示されていなければならないし、②解雇理由となりうるのは労働者の解雇前の行為のみである、というものであった。裁判所の判断ははっきりしていたので、この二点は今後の労働訴訟において大事なポイントになるものと思われる。

この間、法廷では裁判官と大学側弁護士との間で激しいやりとりが何度も行われていたが、法壇の上に座る裁判官が高いところから弁護士を見下ろして怒鳴りつけていたので、傍聴席で見守る大学側の関係者はそのたびに縮み上がっていた。裁判官による弁護士に対する一方的なともいえる攻撃が終わると、いきなり結審となり、再度の和解協議となった。

その際、和解協議を担当する裁判官からこっそり言われたのは、大学側はすでに敗訴を覚悟しているので、教授側から和解条件を出してほしいというものだった。裁判所の提案は、教授側に有利な和解案を出させて、敗訴を確信している大学側を説得しようとするものだった。

ところが、裁判官の心証を読み間違えていた教授側は、解雇無効の判決はもちろんのこと、ひょっとすると慰謝料請求も認められるのではないかと思い込み、和解案を出さずに判決を求めることにした。これが裏目に出てしまったのだった。

和解を拒否して判決を求めた場合、どのような結果が待ち受けているのか。教授側の判断は揺れ動いた。有利な条件を出して和解したほうがよいという代理人弁護士の意見もあれば、判決をとって教授の地位を確定したほうがよいという大学関係者の意見もあり、高裁で不利な判決が出ても最高裁では勝てるのだからという法学者の意見もあった。

最終的には、大学側が出してきた和解案を受け入れることにしたが、本来ならば、もっとよい条件を教授側から出して和解することもできたはずだった。原告本人が判決にこだわっていたために、教授側から和解案を提示することもできず、ずいぶんがっかりするような和解内容で終わってしまった。

作戦ミスといえばそれまでなのだが、高裁の裁判官は最高裁には上告させまいとプレッシャーを与えていたし、大学側の弁護士は敗訴を確信していたので金銭をちらつかせてきたし、教授側の弁護士も高額の報酬を期待して和解に持ち込もうとしていた。

ひとり教授だけが最後まで判決にこだわり、最高裁への上告も考えていたが、裁判官も双方の弁護士も和解をつよく勧めており、また、上告が受理される可能性はきわめて少ないので、高裁にて和解がなされることになった。残念な結末だが、現行の司法制度を考えると、引き分けで終わったのも致し方ないのかもしれない。

こうして大学当局が行った授業の盗聴と無断録音を告発したことで二〇一六年一〇月に解雇された事件は、二〇一九年一一月、東京高裁において和解で終結した。和解内容は、大学は授業の無断録音を謝罪して和解金五〇〇〇万円を支払い、教授は和解金を受け取って円満に退職するというものだった。

大学との法的な争いはこれで終わったので、今後は訴訟外で事件を追及していくことにしている。まずは裁判記録を公刊し、あわせて学問の自由をテーマとするブックレットの編集も継続していきたい。裁判記録はすべて東京地裁の閲覧謄写室で見ることができるが、それとは別に裁判記録の出版も準備しているので待っていてほしい。

第七節　明治学院大学のその後

最後に、明治学院大学の最新情報をお届けしたい。

大学を経営する理事会は、学生定員を一五パーセントも増加する決定をしたにもかかわらず、教養科目の担当教員は二〇パーセントも削減する方針を打ち出してきた。

大学当局は、これに合わせて、授業態度が悪いといって言語文化論のヘボン講師（仮名）を雇い止めにし、大学を批判したといって倫理学のシノロ教授（仮名）を解雇した。辞めさせられたのは、学生による「人気授業ランキング」で一位と二位の教員であった。

人件費の削減に貢献したセンター長と主任は、その功績によって副学長と学部長に昇格し、いつのまにかキリスト教の信者にもなって理事会のメンバーに抜擢された。

その後、大学内で日常的に横行している「非公式の懲罰や私刑や制裁」を告発した、哲学のデリダ教授（仮名）も解雇された。それとは別に、かねてより「大学による組織的な人権侵害」を監督官庁に告発していた、哲学のデカルト教授（仮名）も懲戒処分された。

明治学院大学のニュースメディア『明学プレス』によると、「大学を追われた教授は多数いる」とのこと。つぎに首を切られるのはだれだろうか。教授たちはひたすら自らの保身だけを考え、首を縮めて声を押し殺している。

理事会のほうは、教員削減で浮いたお金でキャンパスを移転し、新学部にスポーツ学科まで作ってキリスト教を宣伝していくのだそうだ。だが、キャンパス移転の説明会も、一部の人間の利得だけで動いていて、しかも内容が幼稚で杜撰すぎ、この大学は何から何まで人間の思惑だけで動いているのが露見しただけだったという。学内には憤慨しているまともな教員もたくさんいるようだから、その声もしだいに大きくなってくるのだろう。

〔注〕寄川条路「実況中継〈明治学院大学事件〉」（『情況』二〇一九年冬号）

第一章　授業の盗聴と教科書の検閲
——教授側の主張——

労働審判、東京地裁、東京高裁での原告・教授側の主張をまとめておく。労働審判での主張は二〇一六年一〇月二五日の陳述書（甲15）から、東京地裁での主張は二〇一七年一二月一三日の陳述書（甲105）から、東京高裁での主張は二〇一九年五月二一日の陳述書（甲180）から、それぞれ要約して引用する。なお、日本の裁判では、原告が裁判所に提出した証拠を甲号証（甲〇）と呼び、被告が提出した証拠を乙号証（乙〇）と呼ぶ。

第一節　労働審判での主張——陳述書（甲15）から

紛争の端緒は、二〇一五年四月、私の授業を大学が同意なく録音したことです。その経緯は以下のとおりです。

一　調査開始の経緯について

二〇一五年四月一〇日、白金キャンパスで一回目の授業を行ったところ、履修登録ができないとのクレームが学生からありました。教務課に問い合わせると、黒川貞生主任から、履修者を三〇〇名に制限し、申し込みはすでに終了しているとの連絡がありました。事前に知らされていなかったので、教室には登録できなかった学生がたくさんいました。四月一三日、横浜キャンパスで一回目の授業を行いました。このとき、もちろんあとでわかったことですが、大学は私の授業をこっそり録音していました。その後、黒川主任は教授会で、私の授業によって教務課のサーバーがダウンしたこと、学生と保護者から教務課へクレームがあったことにより業務に支障が生じたと報告しました。そこで調査委員会が設置されることになりました。

二　調査の内容と録音の存在について

二〇一五年七月、調査委員会の一回目の事情聴取が行われ、横浜キャンパスの一回目の授業について質問されました。調査委員の質問は一方的なもので、「授業の中で何々と言っただろう」というような、かなり威圧的で詰問調のものでした。いま思うと、あらかじめ録音テープを聞いたうえで質問していたのだと思います。同月、二回目の事情聴取があり、そのときに嶋田彩司委員長は、「証拠として録音テープがある」と語りました。私が秘密録音の違法性を指摘して、録音者と録音資料の提供者を尋ねると、嶋田委員長は「その問いには答えないことにしている」と回答を拒否しました。回答しない理由を尋ねると、嶋田委員長は「その問いにも答えないことにしている」と再度回答を拒否しました。授業を無断で録音したことについては、少なくとも事後的にでも同意を取るか事情を説明すべきだと考えます。授業が無断で録音されたのはもちろん遺憾でしたが、それと同時に、調査委員が主張するようなことを私が本当に言っていたのかどうかを確認したいと思いました。この思いは正当であるように思えますし、この紛争は録音資料が開示されれば解決する問題のように思えました。

三　厳重注意処分について

サーバーダウンやクレームなどのトラブルがあったとして、通常そこから遡って原因を究明するため、トラブル以前の私の講義の録音があるのは不可解です。録音があるということは、最初から私の処分をねらって講義を録音していたと推測せざるをえません。大学は私に対する懲戒処分ありきで動いているように思えました。そこで弁護士を通じて青本健作理事長に通知書を送りました。大学の顧問弁護士は書面にて回答しますと伝えてきましたが、回答がなかったことから、私は再度、録音証拠の開示および調査・処分について文書を送りました。その後、大学からの回答がないまま、教授会は私に対する厳重注意処分を決定し、二〇一五年一二月、永野茂洋センター長は私に厳重注意文書を送ってきました。教授会は懲戒処分を予定していたのですが、顧問弁護士の助言により処分は厳重注意に止まりました。厳重注意の理由については事実無根であるわけですし、録音資料が最後まで開示されないことやそもそも無断で授業が録音されたという事実について不満や不安がありました。

四　懲戒解雇に至る経緯について

懲戒解雇は、二〇一五年一二月、私が授業で「欄外注」を記載した用紙を配布したことに端を発しています。その経緯についてはつぎのとおりです。

私が直接大学に働きかけても弁護士を通じて通知しても、大学は情報を開示しないままであったため、まずは情報提供を求めることにしました。私は録音者を特定するため、二〇一五年一二月、授業のなかで学生に対し、「授業を無断録音して、録音テープを嶋田彩司先生に提供した人を探しています。録音者と録音資料の使用者に対して法的措置を取りますので、ご存じの方はご一報ください」と欄外に記載したテスト用紙とレポート用紙を配布して情報提供を呼びかけました。まもなく学生から情報提供がありました。嶋田調査委員長は調査内容について学生に語り、私を含めて複数の教員が大学の決定した履修者制限に反対していたので、大学が私の授業を秘密録音したとのことでした。

それに対し教授会は、私が配付資料に嶋田調査委員長の名前を出していたため、謝罪を求めてきました。その際、授業の秘密録音について、亀ヶ谷純一調査委員は「組織を守るために授業の録音は必要だった」と述べていました。二〇一六年一月、永野センター長は私に文書を送ってきました。その文書には授業の無断録音と録音資料の無断使用は「不法行為」と書かれていたので、私が「不法行為というのは録音と録音資料の使用のことなのか」と尋ねたところ、永野センター長は「そうだ」と答えました。私が「録音をしたのか」と確認したところ、永野センター長は「録音した」と答え、「授業の秘密録音も録音資料の無断使用も大学の慣例で許容されているし、大学の顧問弁護士から録音資料は使ってもかまわないという指示があった」と語っていました。

二〇一六年二月、教授会は私の懲戒処分（教授から准教授への降格）を決定し、翌年のサバティカル（研究休暇）も取り消しました。しかし、理事会は教授会の決定（降格処分）を承認せず、懲戒解雇または普通解雇を提案して差し戻してきました。四月、私が一回目の授業を行ったあと、永野茂洋副学長は、教授会において、私の教科書について「大学の名誉を毀損している」と語り、黒川貞生センター長は、私の授業について「のぞいてきたところ、問題があった」と語っていました。そこで、教授会は新たな調査委員会を設置して理事会の提案を検討することになり、七月になって理事会の提案どおり解雇を決定しました。原田勝広調査委員長が私の授業の録音資料を配付して解雇理由を説明していたところ、渡辺祐子調査委員からは「録音テープありというところは消したほうがよい」という発言があり、黒川センター長からも「相手の弁護士に余計な情報が入るから」とか、永野副学長からは「裁判所の命令があった場合には明らかにしなければならない」等、授業の秘密録音について言及がありました。理事会の提案に従って教授会が私の解雇を決定したので、理事会は教授会の決定をそのまま承認しました。八月、松原康雄学長が懲戒理由説明書を送ってきたので、私は反論書を送付しましたが、九月、松原学長は解雇通知を送付してきました。同日、秋学期に予定されていた私の授業はすべて閉講したとの掲示が学内サイトに出ました。

五　学生アンケートについて

私はこれまで二〇年以上にわたっていくつもの大学で授業を担当してきました。明治学院大学では教養教育センターの教授として二〇一〇年から共通科目の倫理学を担当してきました。明治学院大学には一六〇〇名以上の教員がいて、学生サイトによれば、人気のある教員の第一位は私で、第二位は青木洋一郎講師でした。私も青木講師もアンケート結果が発表されたあとに解雇されています。

二〇一五年、大学は履修者数の制限を導入して一クラスの人数を三〇〇名に制限し、二〇一六年、共通科目の二〇パーセント削減を決めました。それでも私は担当した五クラスの授業で合計一五〇〇名の学生を受け持っていました。私の担当科目にはすべて二倍を超える希望者がいましたし、学生の授業評価アンケートでは私の授業はすべて平均点以上の高い評価を得ていました。

履修者の制限については、八四パーセントの学生が反対していました。反対の理由としては、「好きな科目を履修できなくなり自由選択科目ではなくなる」、「高い学費を払っているから履修制限は納得いかない」、「履修できる人と履修できない人がいて不公平になる」、「大学は自由に学びたい科目を学ぶところだから学生の学ぶ権利を制限してはいけない」、「大教室で座席が余っているのだからそもそも履修者を制限する必要はない」、「講義形式の授業なのだから履修者を制限する必要はない」、「履修者を制限する理由が学生に説明されていない」、「履修制限はたんに大学側の都合によるものだ」などという、学生からの意見は、正当なものであり、もっともなものであるように思えました。

授業の録音については、八四パーセントの学生が授業の秘密録音に反対し、九四パーセントの学生が録音資料の無断使用に反対していました。反対の理由としては、「教員の教育権と著作権を侵害し」、「学生の人権とプライバシーを侵害する違法行為だから」、「教員と学生が不快な思いをしたし、自分がされたら嫌だから」、「道徳にも常識にも反した悪質な行為だから」、「事前に本人から許可をとるのが最低限のマナーだから」、「監視されると大学に合わせた授業になるから」、「大学のイメージを損なうから」、などという意見が多数ありました。

二〇一六年のアンケートには、「引きつづき、授業を行ってほしい」と書かれていましたし、二〇一六年度秋学期にも私は授業を担当する予定でいましたし、各クラス三〇〇名の学生たちが履修登録を済ませていました。いまでも、たくさんの学生が私の授業を待ち望んでおり、復帰を期待しています。

第二節　東京地裁での主張——陳述書（甲１０５）から

一　普通解雇理由とされた教科書について

私が担当していた授業科目は、前任校では思想文化、明治学院大学では倫理学でした。思想文化を対象とする基礎学問のうち、哲学は理論的な思考にかかわり、倫理学は実践的な行為にかかわります。私が授業で使用していた教科書はおもに私が書いた本です。大学では文部科学省の検定教科書ではなく、教員が自分で書いた本を教科書として使用します。私は毎年一冊の本を書いて、そのつど新しい本を教科書としていましたので、二〇年のあいだに約二〇冊の本を書いて使っていたことになります。大学は私の本のうち三冊を挙げていますが、二冊は前任校時代に書いたものなので、最後の一冊について述べます。

大学は、私の書いた本『教養部しのろ教授の大学入門』のなかに登場する「平成学院大学」が明治学院大学であり、私が本の中で「平成学院大学」を誹謗中傷しているので明治学院大学の名誉を毀損したことになる、と主張しています。しかし、大学の主張は事実に反しています。なぜなら、本の中に書かれているように、私の作品はそもそもフィクションであり、「平成学院大学」は架空の大学だからです。強いていえば、「平成学院大学」とは現在の「日本の大学」です。過去の大学でもなければ、外国の大学でもないという意味です。その証拠に、私の本は「日本の大学」を知るために「最適の本」として高く評価されていて、「キャンパス小説」

として多くの人に読まれ、広く受け入れられています。私の本には、明治大学や大正大学や昭和大学のように実在する大学も数多く登場します。明治学院大学も実名で登場していますが、大学はこの点をすっかり見落としています。明治学院大学は「平成学院大学」としてではなく明治学院大学として登場しているのです。もちろん明治学院大学も明治大学や大正大学や昭和大学と同じように「日本の大学」のひとつですから、「平成学院大学」と重なるところもあるし重ならないところもあります。

私は教科書の中で「日本の大学」を批判的に取り上げています。それには二つの訳があります。一つには、日本の大学の多くがもはや「学問の場」としては機能しておらず、就職のための「予備校」に成り下がっているからです。明治学院大学の言葉でいえば、「キャリアセンター」にすぎないのです。もう一つには、哲学や倫理学に限らず、学問は存在するあらゆるものを批判する営みだからです。こちらのほうがより本質的な問題ですので、少し説明しておきます。

歴史的に見ると、学問は既成の価値観にとらわれず既存の秩序を疑って、そのつど新たな発見をして真理を作り上げてきました。これが学問の発展であり、大学の使命でした。大学の授業とはまさにそうした学問的な営為の場であって、それ以上でもそれ以下でもありません。したがって、大学の授業が既存の価値に従属したり、既存の制度に隷属したりすることはありません。ましてや大学の教科書が特定の主義、たとえば「キリスト教主義」や「マルクス主義」に制約されることもありません。大学での学問的営為は、原理上、学問以外のいかなる制約も受けないのです。特定の主義に基づいて大学における研究や教育を制限したり禁止したりすることは、学問上は認められていません。それが人類史上長い年月を経て築き上げられてきた「学問の自由」なのです。学問の自由とは、研究や教育などの学問的な営為が学問以外のものから介入も干渉も受けることはあってはならない、というものです。わかりやすくいえば、特定の立場に立って、この内容は良いけれどもあの内容はダメだとか、この本は良いけれどもあの本はダメだとか、大学の授業や教科書を制約することは、学問上は許されないということです。したがって、キリスト教主義という特定の立場から、私の教科書や授業内容を不適切と断じ、学問の場である大学から私を排除した明治学院大学の行為は、大学における研究と教育への不当な介入であり、学問の自由を侵害するものであることは明白です。

二　普通解雇理由が存在しないことについて

大学が普通解雇理由として挙げている私の行為はどれも事実に基づくものではありません。そもそも大学は、私を解雇したときに、普通解雇理由として私の行為を挙げていませんでした。大学は、裁判になってからはじめて、普通解雇理由として私の行為を挙げてきました。もしも私の行為が普通解雇理由となるのであれば、大学は私の行為があったときにすでに私を解雇していたはずです。でも大学はそのときには私を解雇しませんでした。それはなぜでしょうか。論理的に考えれば、普通解雇理由として大学の挙げた私の行為はどれも、そのときには普通解雇理由としては存在していなかったからです。つまり、私の行為とされているものは、裁判になってはじめて大学が普通解雇理由として考え出したものなのです。大学はこの点を否定することはできません。

大学は、私を懲戒解雇したときに予備的に私を普通解雇しました。それはなぜでしょうか。大学の顧問弁護士によれば、懲戒解雇はハードルが高くて裁判所に認められないので、ハードルの低い普通解雇を抱き合わせにしたほうがよいからでした。その際、大学の弁護士は普通解雇理由には客観証拠がないことを認めていました。それにもかかわらず、大学は数多くの普通解雇理由を挙げてきました。それは何としても私を解雇するためでした。大学の弁護士を中心とする理事会の調査委員会は、教授会の決定に先立って私を解雇することを決めていました。だからこそ理事会は教授会の決定を退けて普通解雇を提案してきたのです。教授会においては、普通解雇が検討されたことは、それ以前には一度もありませんでした。

教授会が私への厳重注意を決定したとき、大学の顧問弁護士は「がれき集め」といって厳重注意を積み重ねて懲戒処分にするよう助言をしていました。教授会が私への懲戒処分として解雇ではなく降格を決定したとき、大学の弁護士は、さらにもう一段進めて解雇するように助言していました。以上のことはセンター長が教授会ではっきりと語っています。だとするならば、大学は弁護士の指示に従って私を解雇するために解雇理由を作り上げていたことになります。

まず私の行為があって、その行為が普通解雇理由に当たるから大学は私を解雇したのではありません。そうではなくて順番は逆なのです。私を解雇するために、大学は顧問弁護士の指示に従って解雇するための普通解雇理由をあとから作り上げていたのです。正確にいえば、裁判のために普通解雇に当たりそうな理由をたくさん集めてきた、というのが真相なのです。以上のことは、大学の教職員が作成した陳述書のすべてに例外なく同一文章があることからもわかります。とくに事務職員の陳述書は、誤記を含めて一字一句同じ文章になっていますので、大学当局によって無理やり書かされたことがわかります。大学は、普通解雇理由には客観証拠がないことが最初からわかっていたので、客観証拠の代わりに陳述書をコピーしたり証拠を捏造したりしていたのです。したがって、大学の挙げた私の行為はいずれも事実に反し、普通解雇理由に当たらないことは明白です。

三　裁判についての希望

私は今回の裁判が私の解雇にかかわる個人的な問題だとは認識していません。そうではなくて、大学当局が教授に無断で授業を録音したばかりか、その行為を告発した教授を解雇したという、大学史上まれに見るきわめて重大な事件だと理解しています。だからこそ私は当初より一貫して大学による組織的で計画的な盗聴行為を問題視し、盗聴行為に関与した教職員を追及してきました。私が提訴したのも、裁判所に私の地位を確認してもらいたいからなのですが、それ以上に大学による授業の盗聴と秘密録音が不法行為であるとの判決を強く望んだからです。裁判所に大学の不法行為を確定してもらうことが提訴にいたった最大の理由なのです。

万一、大学当局が教授の授業を無断で録音し教授を解雇したことが許されるならば、今後日本にある七七〇もの大学で合法的に授業の秘密録音が大学当局によって行われることになります。これは間違いありません。だからこそ現在、授業の秘密録音についての法的判断を全国の大学関係者が固唾をのんで見守っているのです。明治学院大学にかぎらず、数十万人の大学関係者が本件についての裁判所の判決に注目しています。このことは全国の大学関係者から私のところに裁判の結果について数多くの問い合わせが来ていることからもわかります。

「目黒高校事件」では、裁判所は、学校側による授業の秘密録音を「不当な支配」に当たるものとみなして、解雇無効の判決を下しました。そのときの判決文には、どのような授業であっても授業を無断で録音することとは「確知方法において適正な手段とはいい難い」と記されています。私は、明治学院大学の現状では、同様の判決が下されることによってのみ学問の自由・表現の自由・教育の自由などの基本的な権利が保障されるものと考えます。逆に、裁判所が大学による授業の無断録音を「不当な支配」に当たらないと判断した場合、今後は日本中の多くの大学で授業の無断録音が行われることは容易に想像できます。そして、授業の無断録音が容認されたときには、目黒高校事件の判決文にあるように「教育の自由の空気は失われ、教員の授業における自由および自主性が損われる」ことは否定できません。裁判所が判決をいったん下せば、その判決はどのような内容であっても私にかかわる個人的な問題を超えて「明治学院大学事件」として将来にわたって日本の教育裁判における「基準」を示すものとなります。

労働審判のときには、大学による授業の無断録音について裁判所の判断は示されませんでした。解雇については、裁判所は労使双方の審判員を含め、大学に対し私の復職を勧めてくれましたが、大学側は頑なに私の復職を拒んで金銭解決に固執していました。そこで労働審判では決着に至らず訴訟に移行したわけですが、今回の訴訟でも私の主張と大学の主張はずっと平行線のままで水掛け論に終わっています。双方ともに幾度も書面を提出したものの、議論はまったくかみあっていません。大学という巨大な組織にたった一人の教員が挑むには限界がありますし、ここに至っては両者の争いを平和的に解決する方法は裁判所の判決によるしかない、と考えています。

第三節　東京高裁での主張――陳述書（甲180）から

一　明治学院大学の「誤り」について

明治学院大学はキリスト教主義に基づいて、私には「他者への配慮」が欠けているから大学教員の資質がないと主張していますが、大学の主張はまったくの的外れです。

明治学院大学は規程によって理事者二〇名をキリスト教信者で独占し、理事会から非キリスト者を排除しています。日本人の九九パーセント以上はキリスト教信者ではありません。にもかかわらず、一パーセント未満のキリスト教信者が明治学院大学の理事職すべてを独占しているのです。そればかりか学生全員にキリスト教の学習と奉仕活動を強要し、それを批判している思想系の教員を排除してきました。明治学院大学は「他者への貢献」という言葉を使って、学生や教員に無償の奉仕を要求しています。他者への貢献を説くのはキリスト教会の宗教活動であって大学における学問ではありません。大学とは真理を学んで人間を解放し自由にする場所だからです。明治学院大学は、キリスト教主義という偏った思想をもとに他者への貢献という「奴隷の道徳」（ニーチェ）を学生や教員に押し付けています。キリスト教主義を絶対化して異なる思想を排除していますが、そうした排外主義を批判することができる学者こそ大学教員としての資質を持っているのです。大学教員とは独立した学者であり研究者なのであって、キリスト教に奉仕する奴隷でもなければキリスト教を広める宣教師（サンドイッチマン）でもありません。大学教授とは第一義的には博士号をもった学問研究者であり、学問の研究成果を学生や社会に伝達しそれによって学問の発展に寄与する者なのです。

二　明治学院大学の「主義」について

1　明治学院大学はキリスト教主義を強制していること

明治学院大学は教員らにキリスト教主義を強制したばかりか、大学の決定に反対したという理由で複数の思想系教員を懲戒処分したり解雇したりしてきました。したがって私の解雇が私の資質によるものではなく大学の偏った「主義」に由来するものであることは明白です。私は、大学が自己の主義を唱えることはかまわないけれども、教員にキリスト教主義を強要することはよくないと考えます。大事なのは他者への貢献ではなく他者への寛容だからです。大学当局が自分と違う考えや思想を持つ者を排除するのは、学問の場である大学にはふさわしくありません。どの宗教も思想も等価なのですから、私は特定の信仰や主義を強制したり排除したりする明治学院大学の教育方針に反対しています。これは、倫理学者としての学問的な態度です。

私は明治学院大学に来るまえに他の大学で哲学と倫理学の授業を担当していました。私はその間に一度たりとも大学から注意を受けたこともなく、学生からクレームを受けたこともありません。他の大学では私は適切な教員として評価されていました。それにもかかわらず私が明治学院大学には適任ではないと判断するならば、それは私を採用した明治学院大学の責任ではないでしょうか。六年半も雇っておいて、今頃になって明治学院大学にはふさわしくない教員だといわれても、私としては困ってしまいます。かりに明治学院大学の教育理念に合わないのであれば、明治学院大学は私を教授として招聘しなければよかったのです。明治学院大学は私が教員不適切なのは資質によるものだから私には改善の可能性がないとまで主張していますが、大学の主張は教授として招聘した私に対し大変失礼な物言いだと思います。明治学院大学の主張は、他の大学における私のこれまでの実績とそれを高く評価していた明治学院大学自身の判断に反するものです。私は明治学院大学でも他大学でも同じ教科書を使用し同じ内容の授業をしていましたので、問題があるとすれば、それは私にではなく明治学院大学にあると考えるのが自然です。

授業の中で「寛容の倫理」を説く私の思想に一切のぶれはありません。強いていえば、私の唱える「多元主義」が明治学院大学の唱える「キリスト教主義」に反することでしょうか。私から見れば、前任校の理念であっても明治学院大学の理念であっても、どちらも等価なのです。どちらが優れているということはありません。私はただ、「特定の主義」を学生に強制したり、それに反対する教員を排除したりする明治学院大学の方針に、倫理学者として強く反対しているのです。

天皇即位の日に明治学院大学は秘密の反対集会を開いていました。明治学院大学では元号や君が代や日の丸が禁止され、西暦やキリスト教が強制されています。私は明治学院大学のような偏った思想は持ちません。他人に自分の好みを押し付けるのは良くないし、他人の好みを禁止するのも良くないからです。「良くない」というのは、法律の問題ではなく倫理の問題です。大学当局による授業の秘密録音について、東京地裁の裁判長は「無断で録音するのは良くないことだ」と語り、東京高裁の裁判長は「法律上の問題はなくても当不当の問題はある」と語っていました。まさにこれが倫理の問題なのです。

2　教科書は適切なものであること

理事会は、私の教科書がキリスト教の理念や大学の権威を批判していることを理由に、私を解雇するよう教授会に提案しました。しかしながら理事会が私の教科書を問題視するまで教授会においてさえ私の教科書が問題にされたことは一度もなかったのです。教授会が私を降格処分にしようとしたとき、理事会は教授会の決定を承認しませんでした。それはなぜかというと、降格処分をしても私は引き続き大学で授業をすることになるからです。理事会は、教授会が処分を決定するまえから委員会を作って私の教科書を調査していましたし、私にキリスト教を批判するような授業をさせたくなかったから降格ではなく解雇しようとしたのです。これが私を解雇した最大の理由です。時系列で見ると事件の経緯がよくわかります。

①二〇一四年〇四月　教科書を問題視して調査を開始する。
②二〇一四年〇九月　ネット上にある授業評価を調査する。
③二〇一四年〇九月　授業の配布資料を持ち出して調査する。
④二〇一四年一〇月　学生のテスト用紙を抜き取って調査する。
⑤二〇一五年〇四月　授業の履修者を三〇〇名に制限する。
⑥二〇一五年〇四月　授業を盗聴して無断で録音する。
⑦二〇一五年〇四月　盗聴者が学生に見つかり退室させられる。
⑧二〇一五年〇七月　調査委員会を設置して事情聴取する。
⑨二〇一五年一二月　授業の配布資料を検閲し配布を禁止する。
⑩二〇一六年〇四月　授業を盗聴し教授会において報告する。

一連の行為から、教科書を問題視していた大学当局が、私の授業を調査していたことがわかります。

私の教科書は全国の大学図書館に所蔵されていますが、明治学院大学の図書館では利用できないようになっています。明治学院大学事件を記録したブックレットは全国の大学図書館に所蔵されていますが、明治学院大学の図書館には所蔵されていません。明治学院大学は私の本を学生の目に触れないようにしています。私の教科書は倫理学者の意見書にもあるとおり、キリスト教を教育理念とする他の大学においても倫理学の教科書として高く評価されています。日本随筆家協会賞を受賞しており、すでに他の大学においても倫理学の教科書として使用されていました。さらに私の教科書はキリスト教系の同志社女子大学やその他の大学においても国語や小論文の入試問題として採用されていました。今年も仏教系の京都文教大学において入試問題として採用されています。明治学院大学は「授業を確認するまでもなく、教科書だけから明治学院大学の教員にふさわしくない」と評価していましたが、他の大学では、私の本は倫理学の教科書として適切なものと判断されていたのです。

明治学院大学は教科書を理由に私を大学から排除したのですから、大学による私の解雇は教育基本法の定める「不当な支配」に該当するといえます。理事会は、教授会が私の処分を決定するまえから私の教科書を問題視していましたので、教授会決定の降格処分を差し戻して、私を教員不適切として普通解雇しました。大学が授業を監視し調査していたのは私を大学から排除するため当初より計画されたものでした。したがって解雇は明治学院大学による組織的かつ計画的な犯行であり、きわめて悪質なものであり、不法行為を構成するものであるといえます。

三　大学による授業の無断録音について

私の教科書を問題視した大学当局は、授業で配布するプリントを事前に検閲したり、学生のテスト用紙を抜き取って調査したりしていました。そしてついに大学は私の授業を盗聴し無断で録音するに至ったのです。

大学の一連の行為はプライバシーの侵害であるばかりか、授業内容への思想調査であり、教育基本法の定める不当な支配に該当するといえます。授業の無断録音については、録音の具体的方法を検討する必要がありますが、録音データは、音声学者の意見書によると、録音後にトリミング（削除編集）されていたことが判明しています。また、ステレオ録音であったことから、大学が主張するスマートフォンで録音されたものではなかったことも判明しています。さらに、提出されたCDの録音時間とスマートフォンの画面に表示された録音時間が違っていました。したがって、大学はスマートフォンとICレコーダーの提出を頑なに拒否しています。以上のことを総合考慮する必要がありますが、東京地裁はこれらの点を見落とし、無断録音の違法収集を認めずに証拠採用したばかりか、誤った事実認定により誤った結論を導いていました。これらの点に関しては、地裁の事実認定にも法律判断にも合理性がないといわざるをえません。大学が提出した録音証拠は違法収集証拠として証拠能力が否定されるべきであるばかりか、訴訟上の信義則にも反していますから、損害賠償請求も容認されるべきことは明らかです。

この点については、同じキリスト教主義の大学である「関東学院大学事件」が参考になります。東京高判二〇一六年五月一九日の関東学院大学事件は、証拠収集の方法および様態、証拠収集によって侵害される権利利益の要保護性、当該証拠の訴訟における重要性等を総合考慮し、その証拠を採用することが訴訟上の信義則に反するといえる場合に証拠能力が否定されると解しています。関東学院大学事件は秘密録音の証拠採用について基本的な認識において正鵠を射ており、明治学院大学事件の東京地裁判決はこの点に関し的外れなものであったといわざるをえません。

とくに明治学院大学事件においては目黒高校事件においてと同様、学校側が教員に無断で授業を盗聴し、授業内容を秘密録音していたことが考慮されなければなりません。目黒高校事件では、学校側はマルクス主義的な授業を行っていた社会科教諭を監視し、明治学院大学事件ではキリスト教主義に批判的な倫理学の教授を監視して授業を調査していました。明治学院大学は授業を視察聴講するのではなく無断で授業を盗聴し秘密裏のうちに授業を録音していたのですから、授業内容を確認するのではなく授業後に教員を処分することを目的に録音していたといわざるをえません。大学は録音データをコピーし反訳を作成して調査委員会と教授会で配布していました。授業の参観や傍聴であれば発言内容の調査確認といえなくもありませんが、授業の秘密録音であれば、それは授業をする教員が受忍すべき程度をはるかに超えており、明治学院大学は大学人としてしてはならない一線を踏み越えたものと見なさざるをえません。

四　大学による「学問の自由」の侵害について

1　「学問の自由」をめぐる判例について

大学による授業の無断録音が不法行為を構成するものかどうかを考えておきます。「学問の自由」をめぐる事件としては、東大ポポロ事件、旭川学テ事件、目黒高校事件の三つの判決が参考になります。

東大ポポロ事件の最高裁判決は、憲法二三条が「大学が学術の中心として深く真理を探究することを本質とすることにかんがみて」とくに大学における学問の自由を保障していること、学校教育法五二条（現八三条）が「大学は、学術の中心として、広く知識を授けるとともに、深く専門の学芸を教授研究」することをその目的として掲げていることから、大学においては研究成果を教授する自由が保障されているとしています。

旭川学テ事件の最高裁判決は、憲法二三条の完全な保障を大学における学問や教授の自由に限定し、小中高における教育の自由について「一定の範囲における教授の自由が保障される」としつつ「完全な教授の自由を認めることは、とうてい許されない」としています。大学生には批判的能力が見られること、また「真理探究を目的とする学問研究が、その本質上、既存の知識・秩序・体制を疑い、時にはそれらと真っ向から対立する成果を示すものであり、それゆえに既存の政治的・社会的秩序や権威からの反発や弾圧を受けやすいものであること」を理由として、大学における「学問の自由」を特権化しています。

目黒高校事件の地裁判決は、校長が教諭の授業を無断で録音したことについて、「教員は、大学その他の高等の教育機関と下級の教育機関とにおいて程度の差こそあれ、教育の本質および教育者の使命に鑑み、教育の目的の範囲内においてその自由と自主性を保持し、公の機関または学校法人の理事者やその他の団体又は個人に由来する不当な支配ないし影響力から防禦されなければならない」とし、「教員に対する適正な手段による援助、助言ないし助成」を行ったあとにおいてもその効果がないとき、はじめて解雇手段をとりうるものとしました。裁判所は、秘密録音のような「確知方法を教育の場面において直ちに容認するときは、教育の自由の空気は失われ、教員の授業における自由および自主性が損なわれる」ため、秘密録音により収集した授業内容を根拠として解雇した行為は教育基本法の「不当な支配」に該当し、公秩序に反するものとして解雇権の濫用に該当すると結論づけています。

2 「学問の自由」の侵害について

では、明治学院大学事件のように大学において授業の秘密録音がなされた場合、「学問の自由」は侵害されたことになるのでしょうか。この点について三人の憲法学者はつぎのように論じています（寄川条路編『大学における〈学問・教育・表現の自由〉を問う』法律文化社、二〇一八年）。

まず、憲法学者の小林節（慶應義塾大学名誉教授）は、憲法二三条の「学問の自由」はすべての人に保障された基本的人権であり、明治学院大学事件は教授の学問の自由を大学が侵害した事例である、といいます。「学問の自由」は、教授の自由、教育研究の内容・方法・対象を選ぶ自由の総体を指しますので、教授が選択した教育内容にはだれも介入すべきではありません。それにもかかわらず、大学が教材やテスト用紙を調べるとか、講義の内容を録音して調査するとか、教室の定員を下回る人数に制限するとかは、いずれも学問の自由の侵害に当たります。また、学生の知的関心も「学問の自由」であり、大学としては最大限に尊重すべきものですから、履修者を制限することは学生の学問の自由に対する侵害となります。さらに、キリスト教が設立母体である大学において、教義に批判的な教授だから処分するというのも信教の自由を履き違えたものです。教団が大学を設立した場合、それは国の認可により大学になったのですから、そこで教義教育を押し付けることは禁じられるはずです。以上のことから、明治学院大学は、学問の自由と大学の自治の意味や信教の自由を弁えず、教授の授業を妨害して身分を奪い、同時に学生たちの学問の自由をも侵害したと批判しています。

つぎに、表現法を専門とする志田陽子（武蔵野美術大学教授）は、教育現場では学生に良好な学習環境を保障する必要があるので、教員が学生に問題発言を行っている場合には、それを止めさせて正常な環境を回復し、そのような疑いがある場合には、他の教職員が授業を視察し聴講する旨を担当教員に伝えたうえで、管理者の危惧した言動の抑制を図るべきなのであり、はじめから教員の解雇を目的として証拠をこっそりと収集することは許されないと述べています。なぜなら、目黒高校事件のように、「秘密録音のような確知方法を教育の場面において直ちに容認するときは、教育の自由の空気は失われ、教員の授業における自由および自主性が損なわれる」ことになるからであり、憲法二三条の「学問の自由」が侵害されることになるからです。まずは授業担当者に視察聴講に出向く旨を伝えたうえで、管理者の危惧した言動の抑制を図るべきであるというのは、至極まっとうな意見であるように思われます。

そして、教育法の丹羽徹（龍谷大学教授）はもう一歩踏み込んで、他の教職員により行われる視察聴講を経ても教員の問題発言や行動が解消されない場合について、つぎのように述べています。「仮に、学生の教育の自由が侵害されている可能性があるとの判断で、教室でその授業を聞いていたとすれば、それ自体では学問の自由を侵害したとは言えない。問題は、当該授業が本当に、学生の教育を受ける権利を侵害したものであったのか否かである。本件において、授業内容によって学生の当該権利が侵害されているわけではない」。授業内容による学生の教育を受ける権利侵害という前提があれば、視察聴講それ自体が「学問の自由」の侵害に該当するものではありません。しかしながら、明治学院大学事件では、授業内容による学生の教育を受ける権利侵害はないのですから、授業の視察聴講を超えた秘密録音は「学問の自由」の侵害に該当するものといえます。授業を視察聴講するだけならまだしも、授業を秘密録音しているのですから、大学の行為は必要な管理運営権を超えており「学問の自由」を侵害していることになります。

以上の憲法学者三名の意見をまとめると、まずは、教員自身による自己管理が図られなければならず、しかし、学生の教育を受ける権利の侵害が疑われる段階になれば、事前通知のうえで他の教職員による視察聴講が許され、管理者の危惧した言動の抑制が図られます。そして、それでもなお抑制が見られない段階になってはじめて、視察聴講以上の録音措置もやむなきことになります。憲法二三条の「学問の自由」から導き出される教授の自由を考慮すれば、証拠収集に至るまでにはきわめて高度な慎重さが求められるはずです。明治学院大学事件のように、そもそも学生の教育を受ける権利が侵害されているという事情がないにもかかわらず、大学当局が秘密録音を直ちに行うことが容認されてしまえば学問の自由が侵害されることになります。

さらに、労働法学者の山田省三（中央大学名誉教授）は、職場でのプライバシーの保護とモニタリングという観点から、授業録音についてつぎのように指摘しています（寄川条路編『表現の自由と学問の自由――日本学術会議問題の背景』社会評論社、二〇二一年）。明治学院大学事件では、教授の授業を秘密録音する必要性はまったくなく、録音する必要があったとすれば、大学は録音の必要性を説明すべきだったのです。事実を確認する必要性があったとしても、目黒高校事件の判決が示すように、録音以外の方法で事実確認を行うことも可能であったはずです。大学は、録音を回避する方策を検討すべきであったにもかかわらず、そのような努力を怠っていますし、というよりも、録音が不正であることを十分に知っていたからこそ、大学は秘密裏に録音せざるを得なかったのです。以上のことから、授業を秘密録音することは、教授の自由を侵害し、不当な教育への支配に該当し、プライバシーを侵害するもので、大学教員や労働者としての人格権を侵害し不法行為を構成するものである、と指摘されています。

3　学問の自由はキリスト教主義よりも上位にある

明治学院大学は、大学の教育理念であるキリスト教主義をもって「学問の自由」を制限していました。つぎにこの点を検討してみます。

憲法学者の高柳信一（東京大学名誉教授）は、憲法二三条の「学問の自由」を、大学教員の市民的自由が大学の設置者や管理者のもつ命令権や解雇権に侵害される危険性に対抗するための根拠として位置づけています（高柳信一『学問の自由』岩波書店、一九八三年）。しかしながら、学問の自由もいかなる制約にも服しないわけではありません。憲法一二条は「この憲法が国民に保障する自由及び権利は、国民の不断の努力によって、これを保持しなければならないし、又、国民は、これを濫用してはならないのであって、常に公共の福祉のためにこれを利用する責任を負う」と規定しています。

「公共の福祉」が学問の自由よりも上位にあるとするならば、憲法で保障されている学問の自由も、社会全体の利益と結びついた公共の福祉によって制限することもできるかもしれません。しかし明治学院大学は、公共の福祉という最高位の理念ではなく、キリスト教主義という大学に固有な精神を持ち出して学問の自由を制限していました。実際のところ、大学が私を解雇したとき、普通解雇理由は、私の本の内容が大学の教育理念であるキリスト教主義に反しているからというものでした。明治学院大学は公共の福祉に言及しながらも、実のところは大学の教育理念であるキリスト教主義を批判から守るために学問の自由を制限していたのです。憲法が保障している「学問の自由」は、公共の福祉よりも下位にありますが、明治学院大学の教育理念である「キリスト教主義」よりも上位にあります。したがって、下位にあるキリスト教主義によって上位にある学問の自由を制限することは、法律上、許されないのです。

4　授業ガイダンスの録音

最後に授業の無断録音に関する地裁判決を検討しておきます。

地裁判決は「教授の自由（憲法二三条）が保障されるべき大学教授に告知をすることなく、大学が当該教授の授業を録音するということが、当該教授に対する不法行為を構成することがないとはいえない」と述べながらも、無断録音については「録音された対象が原告の講義そのものであったということはできず、あくまでガイダンスに限るものであった」という理由に基づき不法行為を構成するものではないとしました。録音対象が「講義そのもの」であれば不法行為となることを認めた点においては正当ですが、「授業ガイダンス」はたんなる授業案内ではなく授業の大事な部分をなすことは明らかですから、このような意味で地裁判決には誤りが認められるのであり、無断録音は不法行為を構成するものとして位置づけられるべきです。

第二章　組織を守るための秘密録音
――大学側の主張――

大学側には大学側の主張がある。被告の明治学院大学が裁判所に提出した書面、事件にかかわった大学関係者の陳述書、証人尋問での証言などはすべて公刊する予定で準備を進めているが、まずはその中から、授業の盗聴と秘密録音、録音資料の使用、教科書や教材の検閲など、事件に直接的にかかわるものだけを抜粋して紹介しておく。

第一節　大学の主張書面

一　授業の録音について

鵜殿博喜学長（以下、職名はすべて当時）は永野茂洋センター長に教務部からの事実確認の要請を伝え、永野センター長は顧問弁護士に相談し事実確認の方法について法的助言を受け対処を検討した。永野センター長は黒川貞生主任と協議し、原告がどのような発言を学生にしているかを調査する必要があると判断した。そこで「教職員」が原告の授業ガイダンスの内容を直接聞くことにした。原告の授業ガイダンスに赴いたところ、学生が教室一杯にいてザワザワしていたので、教職員はその場で原告の言葉を聞き逃す可能性があると判断し、持参していたスマートフォンにて録音したのである。

山下篤教務課長が学生にアンケート申し込みについて説明をし終えて教室を出ると、壇上にだれもいなくなった教室はザワザワし始め、その後、原告が教室に入っても引き続きザワザワしていたことから、原告が話し始めるとすぐに「教職員」が録音を始めた。最初原告は挨拶と自己紹介を始め、一斉に学生が教壇に向かってガイダンス資料を取りに移動し、その間、原告は何も話さなくなったので、教職員はいったん録音を停止し、原告が話し始めると同時に再度録音したのである。

授業ガイダンスの録音（乙2）は、原告の授業ガイダンスを冒頭から最後まで録音したものである。授業冒頭の録音（乙86）は、原告の挨拶と自己紹介であり、録音をした教職員は、重要ではないと判断し、嶋田彩司教授を委員長とする調査委員会には、授業ガイダンスの録音のみを渡した。教職員のスマートフォンの画面上に二つの録音の表示があるのはそのためである。教職員が録音したのはスマートフォンであるが、録音資料を嶋田委員長に渡すにあたって複製の方法として、スマートフォンで再生しながらＩＣレコーダーで録音している。その後、録音した教職員は、スマートフォン内の録音資料を直接パソコンに転送する方法を教わって転送した。録音に用いたスマートフォンはｉＰｈｏｎｅ４Ｓであり、教職員が所有していたものである。

永野センター長は、録音は正当な理由に基づく行為であることを当初より認識しており、無断で授業を録音したり録音資料を無断で使用したとしても、大学においては慣例的に授業は公開と同じものであるから、なんらセンセーショナルなことではないと話していた。

録音したのは、原告の「授業」ではなく「授業ガイダンス」である。授業ガイダンスでの発言を録音したのであり、教育内容や教授内容という意味での授業内容を録音したのではない。授業ガイダンスの録音に混じって一部講義を録音していたとしても、授業ガイダンスの発言が大部分であるから違法ではない。学問の自由（憲法二三条）、表現の自由（憲法二一条）、不当な支配（教育基本法一二条）とは無関係であり、録音は正当な理由に基づく適法で適切な行為である。

原告の配布資料により、授業ガイダンスでの発言を確認する必要が生じたのであり、事前に同意を得ていては、通常の発言を確認することはできない。授業ガイダンスは、履修登録した学生を対象としたものではなく、これから履修する可能性がある学生に対し広く行われるものであり、ガイダンスの内容は秘密ではないし、秘密が確保されなければ適正に行えないものではない。

学生に対して適切な教育を行う義務を負う大学側には、原告の授業ガイダンスでの発言内容を確認する必要があり、確認のために赴いた教職員が録音したことは、必要性・相当性があったのであり、録音は大学側の適法な管理運営の権限の範囲内である。原告の発言を確認するためには聞くだけではなく録音することまで必要だったのである。録音資料の開示請求に対しては、開示する法的義務はなく不開示はなんら不当ではない。

二　教科書について

原告は、明治学院大学の建学の精神に反しキリスト教主義の大学を愚弄する本を書き、授業で教科書として使っていた。教科書が不適切である場合、その教科書を使用することは許されず、不適切な教科書を使用した教員は教員として不適切である。

『教養部しのろ教授の大学入門』という原告の本は、ミッションスクールである明治学院大学を誹謗中傷している。原告の本は、キリスト教の学校をバカにしたり茶化したりしているので、キリスト教主義の明治学院大学の教科書としては不適切である。原告の本に登場する「平成学院大学」とは、明治学院大学のことであるから、原告の本は、キリスト教主義の明治学院大学の名誉・信用を貶めている。原告が授業で何を話したかは不明であるが、原告の本は教科書として不適切な文章が多く記載された不適切な書籍であり、これをもとに授業がなされているので授業内容も不適切である。

大学教員には授業の内容を決める自由があるものの、自由は無制限ではなく、キリスト教による人格教育という建学の精神から許容できない授業内容がある。大学教員には無制限にどのような本をも教科書として指定する裁量があるかというと、そのようなことはない。明治学院大学の教科書として不適切な本を倫理学の教科書に指定することは教員の裁量の範囲を逸脱した不当な指定である。学校法人には管理運営権として、建学の精神を学術的に批評するのではなく茶化したり愚弄したりする教科書を使用した授業について、授業内容を確認するまでもなく問題視することができる。

地裁判決は、「原告の本は大学や学生やキリスト教に対する風刺とも批判とも解釈することができる」とするが、そのような解釈の余地があればよいというものではない。原告の本はキリスト教を茶化して愚弄しており、キリスト教による人格教育の効果を激減させる可能性がある。地裁判決は、「本を読んだ学生が一般的に明治学院大学のことと受け止めるとまでは判断できないから、不適切な教科書ではない」とするが、本に登場する「しのろ教授」は原告自身であり、「平成学院大学」は明治学院大学と理解して読むのは一般的である。仮に一般的ではなかったとしても、読者が明治学院大学に失望し学習意欲を喪失する可能性がある。地裁判決は、「原告の本は倫理学と関係がないとまでは判断できないから、不適切な教科書であると評することはできない」とするが、そのような疑いをかけられる本であり、授業の教科書として使用すること自体不適切である。そのような疑いをかけられないようすべきである。

三　授業評価アンケートについて

原告は学生に対し「履修者制限に賛成ですか反対ですか。理由も書いて下さい」とアンケートをとった。履修者制限について賛否を問うことは、履修者制限に反対という原告自身の意見の補強のための宣伝材料として利用する目的で行われている。原告は学生に対し「授業の無断録音に賛成ですか反対ですか。理由も書いて下さい」とアンケートをとった。授業の無断録音について賛否を問うことは、無断録音に反対という原告自身の意見の補強のための宣伝材料として利用する目的で行われている。

四　地裁の判決について

地裁判決は、原告の教授には「酌むべき事情」を認めており、被告の大学には「解雇権を濫用している」と判断しており、判断の過程で結論が先行していることが如実に表れて不当な判断を示している。原告の動機を「酌むべき事情」として扱うことは不当である。地裁判決には著しい経験則違反、判例違反がある。原告にはこれまで懲戒処分歴がまったくないと評価すること自体不当である。

五　裁判所の和解案について

裁判所から、大学側が教授に対し録音について謝罪をしてはどうかという提案があった。裁判所の提案は、「本人の了解を得ないで録音することは褒められないことだから、申し訳なかったと言ってもらうのではどうか」というものであった。

無断録音が違法行為でないとしても、「裁判を無断で録音することが良くないように、授業を無断で録音することは良くないことだから、大学側が教授に対し謝罪をする」というのが、裁判所の和解案だった。

第二節　被告の陳述書

一　永野茂洋（センター長のち副学長）の陳述書（乙54）

1　原告の授業ガイダンスについて

私は、二〇一五年四月一〇日、教務部長より対策を講じてほしいとの連絡を受け、黒川貞生主任と相談し、四月一三日に横浜キャンパスで行われる授業ガイダンスの内容を確認し混乱が生じないか、横浜キャンパスでも直接様子を見る必要があるとの結論を出しました。その結果、録音したのが「授業ガイダンスの録音」

です。

2　原告の授業の配付資料について

二〇一五年一二月一四日、私は山下篤教務課長より、原告が「明治学院大学における履修制限についての学生の意向調査」という文書を授業の配布資料としており、それが一二月一八日にも配布される可能性があるとの報告を受けました。私は原告に対し、資料配布の差し止め要請と厳重注意をメールで送信し、その後に郵送しました。

3　原告の配付資料の記載について

二〇一五年一二月一一日、嶋田彩司教授の授業の学生より、原告の授業時に嶋田教授の名前が読み上げられ、録音資料の提供者を探している旨のアナウンスがあったとの連絡があり、私はその学生と面談し、原告のレポート用紙にある欄外注と配布の事実を知りました。そこで私は、「回答用紙欄外注の訂正と謝罪について」という文書を原告に交付し、要請を行いました。

二　黒川貞生（主任のちセンター長）の陳述書（乙55）

1　原告の授業ガイダンスについて

二〇一五年度の春学期の白金キャンパスでの授業ガイダンスで、原告がガイダンス資料を配付し、口頭でもクレームを勧奨するような発言をしているとの報告を受け、永野茂洋センター長と私とで協議し、横浜キャンパスにおいて原告がどのような発言を学生にしているかを調査する必要がある、ということになりました。そこで、四月一三日に横浜キャンパスで開かれる原告の授業ガイダンスの内容を教職員が直接聞くこととなり、教職員が同日授業ガイダンスに赴いたところ、学生が教室一杯にいてザワザワとしていたことから、教職員はその場で、これでは原告の言葉を聞き逃す可能性があると判断し、教職員が持参していたスマートフォンにて録音したのです。

2　原告の配付資料の記載について

原告は、二〇一五年一二月の授業で、「配布資料の無断使用と授業の無断録音・無断撮影は著作権侵害に当たりますから禁止しています。授業を無断録音して、録音テープを嶋田彩司先生に提供した人を探しています。録音者と録音資料の使用者に対して法的措置を取りますので、ご存じの方はご一報ください。情報提供に謝礼あり」と欄外に記載した「大テスト用紙」と「レポート用紙」を受講生に配布しました。

三　嶋田彩司（調査委員長）の陳述書（乙50）

1　原告の授業ガイダンスの録音について

私は、原告の授業ガイダンスでの問題発言の趣旨について質問する必要性から、第二回事情聴取の際に、調査委員会委員長として原告にガイダンス時の録音資料があることを告げました。したがって、この時点で録音の対象が授業ガイダンスであったことを原告は認識しています。なお、そのときのやりとりの中で原告は録音が「不法行為」であると主張しましたが、どの法に触れるのかの認識まではなく、また学問の自由については何も言及していませんでした。そのときの具体的なやりとりは、以下のとおりです。

原告「私の知らないうちに録音したということか」

嶋田「それについては答えられない。ただし、調査委員会としてそれを利用してもよいということは確認していると」

原告「テープを聞かせてほしい」

嶋田「いまはそれはできない。録音内容の開示の要求があったことを教授会に取り次ぎ、教授会が判断する」

原告「だれが録音したのか」

嶋田「調査委員会として答えないことに決めている」

原告「録音は不法行為ではないのか」

嶋田「どの法に触れるということか」

原告「弁護士に聞いてみる」

このように、録音資料の存在を明らかにしたとき、原告から不法行為ではないのかという問いかけはあったものの、法的根拠についての言及はありませんでした。原告が「表現の自由」等の侵害であると明示的に述べたのは、二〇一五年一二月の教授会においてです。

四　山下篤（教務課長）の陳述書（乙49、乙108）

1　原告の小テスト用紙について

私は原告とかち合わないように教員ラウンジに行き、原告から小テスト用紙等のシュレッダー依頼があった場合、私に引き渡してもらうことにしました。私は、学生が書いた小テストの内容を詳細に調査したところ、小テストは教科書の内容をまとめるものでしたが、書かれた内容をみると、授業内容が学生にとって悪影響を与えると思われる内容のものもあり、本当に呆れ返ってしまうと同時にあまりの内容の酷さに途方にくれました。大学で行われるべき授業ではないと思いました。そうしたところ、大学側から、原告の処分を検討しているということで教務部への聞き取り調査がありましたので、私は、調査してきた内容を報告し、問題と思った小テスト用紙を渡して見てもらい、判断を仰ぎました。

2　原告の授業ガイダンスの録音について

私は教室に赴き、授業ガイダンスの冒頭に学生らにアンケート申し込みについて説明しました。私が教室に赴いたとき原告は教室にはおらず、私が壇上から降りたときも原告は来ていませんでした。教室は後ろの人が立ち見で学生でごった返しており、マイクを使ってしゃべりましたが、私の声が後ろの人に聞こえているのか心配になるほどでした。私が壇上から降りてだれも壇上に上がらなかったため、教室はさらにザワザワし始めました。私は一三時三〇分ころに教室を出ていきましたが、原告とはすれ違いませんでしたので、原告が教室に入ったのは一三時三〇分をかなり経ってからだと思います。したがって、最初の録音が一三時四五分から開始されていることが記録されていますが、私の退室時間と比べると、そのころに原告が話し始めたことは何ら不自然なことではありません。

第三節　被告の証言

一　永野茂洋（センター長のち副学長）の証言

1　原告との会話

原告「どうして授業を録音したのですか」
永野「ここで議論することではないです」
原告「では、無断録音と録音使用について、どう考えているのですか」
永野「通常、大学の慣例では、授業もテストも一般には公開されているものと見なされるので、配布物等も、別に無断での使用等々とは見なされない可能性もあります」
原告「予測されたから録音したのですか」
永野「そうです。教務課から全学に情報が上がっているわけだから」
原告「あらかじめ教務課が予想していたのですか」
永野「予想されます。寄川先生がやったことが全部わかっていたから」
原告「嶋田先生は、だれが録音したのかは教えない、と言っていました」
永野「裁判を想定したからではないですか」
原告「録音の使用については永野先生に事前に了解を取ったと説明しています」

永野「はい、私の名前を出したかどうかは確認しますが、顧問弁護士からの指示です」
原告「嶋田先生は、録音資料をだれから受け取ったのかは言えないということでした」
永野「それでよろしいのではないですか。あまり追及しないほうがいい」
原告「証拠として録音資料があるというのが嶋田先生の話でした」
永野「そうです」
原告「証拠の録音テープは出してないですよね」
永野「開示する必要がないので」
原告「隠す必要はないのでは」
永野「寄川先生が訴えると予測しています」
原告「はっきりさせたいので訴えます。嶋田先生が教えないことは二つあります。録音者と録音資料の提供者について、教えないということなので訴えるつもりです」
永野「証拠を出す必要はないのです」
原告「開示しないということですか」
永野「開示する必要はないということです」
原告「録音テープを聴いたのは調査委員会の人ですか」
永野「そうです」
原告「永野先生は聞いたのですか」
永野「だれが聞いたのかを言う必要はないです。これ以上ほじくり返すことは裁判でもない限りはしません」
原告「裁判になった場合は、開示するわけですね」
永野「開示する可能性はあります」
原告「裁判をするのは、録音者と録音使用者を特定するためです」
永野「私もそういう人になるだろうから」
原告「録音者と録音資料の提供者を隠しているから」
永野「それは、そのままになると思います」
原告「どうして開示しないのですか」
永野「弁護士の指示に従っているからです」
原告「録音した人と録音資料を嶋田先生に提供した人を探しています」
永野「それは止めたほうがいいと思います」
原告「開示しないけど止めなさいというのは、納得いかないです」
永野「調査委員会は弁護士の指示に従っただけだから」
原告「そうするとこれは法的な争いになりませんか」
永野「訴えなければ裁判になりません」
原告「開示しないのであれば訴えます」
永野「訴えないほうがよいのでは。ことがらが大きくなり傷口が広がるのは避けたい」
原告「オープンにして情報を開示したほうがよいと考えます」

永野「そうすると全面対決になる。できれば避けたい」
原告「大学の授業が秘密録音され、録音資料が無断で使われた。オープンにした場合、センセーショナルになります」
永野「そんなことはない。慣例的には、授業は公開と同じだから」
原告「慣例的とは」
永野「授業で話すことや配布物を配ることは、だれか不特定多数の者がそれを聞いたり、見たりするということまで含まれているので」
原告「学校の授業は公開ということにはならない」
永野「今回の録音ケースは、寄川先生の学説ではなく、教務上の手続きですよね」
原告「録音したのはガイダンスだから違法ではない、というのが嶋田先生の理解です」
永野「そう思います。あくまでも学校の政策上の問題です。思想信条の中身ではない」
原告「ではないです」
永野「私も宗教者ですから、思想信条の中身だったら突っ張ります」
原告「これだけ話したのは、はじめてですね」
永野「たまにはお酒でも飲みながら、腹を割ってコミュニケーションを計りましょう」
原告「わかりました」
永野「このことでギスギスしたいという気はさらさらないので」
原告「不明な点は二つです。そこを解決して終わりにしたい。録音者と録音資料の提供者です」

永野「了解しました」
原告「授業を無断録音して録音テープを嶋田先生に提供した人を探しています」
永野「それがわかれば、訴えないのですか」
原告「そうです。訴えるのは録音者と提供者を特定するためです。嶋田先生は知っているけど教えない。法廷で嶋田先生に聞けば目的は果たしたことになります」
永野「訴訟になった場合、言わないですよ」
原告「言っていただければ、これで私は終わりにしたい。永野先生がまるく収めたいというのなら、私もそこで収めたい」
永野「わかりました。今度、別に席を設けましょう」

2　教授会での報告

永野「顧問弁護士に報告して相談してきました。結論としては懲戒に値するということでした。懲戒の程度については、私のほうから降格処分は可能かとうかがいました。教授から准教授への降格は可能だという結論です。私が寄川先生は教員にふさわしくないのではないかと申し上げたところ、弁護士もそのように判断し普通解雇に相当するという見解でした。普通解雇に相当するけれども、センター長としては、解雇せずに降格処分にとどめるのが相当である、ということです」
永野「一挙に解雇すると、当然裁判になります。その場合、裁判所が解雇に相当しないと判断する可能性があります。それでもいったん解雇していますから、和解金を払って辞めてもらうというケースになるはずです。そうすると教授として千数百万円の年俸の十数年分をどうやって保証するかということで、それが半額だとしても八〇〇〇万円とか九〇〇〇万円とか、場合によっては、こちらに分がなければ一億円を超える和解金を払わざるをえない」

永野「戦略的にはいったん教授から准教授に降格して、その次は完全に解雇しても裁判で勝てます。そういう二段階で考えています。降格してもすぐに地位保全の訴えを起こすと思いますが、大学が敗訴して教授に復帰しても、金銭的には極端にダメージを受けるわけではない。私が裁判に巻き込まれて慰謝料を請求されるとか、その程度のことなので。そのときにはどの先生も巻き込まれない。大学と向こうの弁護士との裁判で、私たちがすることではない」

永野「顧問弁護士の見解では、裁判でどうなるかは別の問題で、大学の立場としてはそういう立場を貫いても合理的だということでした。面倒になるだろうと思いますが、そのことは大学と寄川先生との問題になりますので、教授会としてはそこまでは配慮しなくても大丈夫です。懲戒処分とし懲戒の程度を降格とします」

永野「懲戒処分については理事会の同意が必要で、青本理事長、石川理事、鵜殿学長と会いました。理事長からは、理事会に委員会をつくりたいとのことでした」

永野「理事会が新たな内容を決めることはありえない。より重い処分にはならないと判断します。ただ、新たな要素がないかというと、あったということです。そうすると相当時間がかかることになる。このまま理事会に認めてもらって、いったん降格処分を確定する。それ以降、もう一回新たな段階に入っていく」

永野「理事会の判断で、寄川先生の「平成学院大学」という本、教科書なんかも、理事会内の小委員会でかなり詳しく調べていて、「平成学院大学」は明治学院大学と特定できるということだった。そうすると、大学の名誉をかなりふかく傷つけると判断している。理事会は教授会以上に踏み込んで検討している」

二　黒川貞生（主任のちセンター長）の証言

1　教授会での報告

黒川「寄川先生の一回目の授業が心配になったので、のぞいてみました。まあ、去年のようなことはなかった。問題はまったくなかったというと、まあ、小さなことは」

黒川「理事会は解雇相当とした。具体的にいうと、寄川先生の倫理学の本は教員としての適性に欠けるので、教授から准教授への降格でよいということではない。解雇処分が相当なので、理事会は教授会に降格処分の見直しを要請している」

2　証人尋問での証言

黒川「良心に従って真実を述べ、何事も隠さず、偽りを述べないことを誓います」

尋問「原告の授業ガイダンスで、どのような発言がされたか知っていますか」

黒川「録音の反訳を読んで知りました」

尋問「原告が授業評価アンケートで、「履修者制限に賛成ですか反対ですか」とアンケートをとったことは、教員として問題がありますか」

黒川「大いに問題があります。アンケートは授業に関係するものでなければならない。この質問は授業とは直接関係ないことなので不適切な質問だと思います」

尋問「原告が授業評価アンケートで、「授業の秘密録音に賛成ですか反対ですか」、「録音資料の無断使用に賛成ですか反対ですか」とアンケートをとったことは、教員として適切な行為ですか」

黒川「授業の改善につながる質問はいいが、直接関係のない質問を学生を使って行うことは、自分の持論を有利に展開するために学生を利用していると考えます」

尋問「原告の本には、「ミッションスクールというのは、キリスト教の教会が作った学校で、お猿に芸を身に付けさせるように、小さな子どもたちを囲って、信仰を植え付けようとする「人間動物園」と考えればよい」とあります。このような本を教科書に指定することは問題がありますか」

黒川「学生をお猿に例え、大学を人間動物園に例えているので、非常に不適切な教科書だと思います」

尋問「明治学院大学がキリスト教主義を掲げているという関係では、どうですか」

黒川「明治学院大学はキリスト教主義に基づく教育を行っているので、キリスト教を誹謗中傷する内容になっていると感じます」

尋問「明治学院大学の授業で教科書に指定することは、何か問題がありますか」

黒川「学生は、著者である「しのろ教授」を原告とダブらせて解釈すると思うので、不愉快な気分になると思います。教科書としてはふさわしくない」

尋問「黒川先生は教授会で、「原告の一回目の授業をのぞいてみた」と発言しているのですが、それは間違いないですか」
黒川「それは違うと思います」
尋問「のぞいてないということですか」
黒川「そういうことです。私の記憶としては、のぞいたことはないです」
尋問「それは間違いないですか」
黒川「いや、記憶にありません」
尋問「授業を無断で傍聴することは、慣例的に許されていると考えますか」
黒川「大学の運営上やむを得ない場合には、授業の質を担保するために、あるポジションの人には許されてもおかしくないのかなと、個人的には思います」
尋問「授業の無断録音についても、慣例的に許されていると考えますか」
黒川「授業の無断録音は、許されるべきではないと私は考えます」
尋問「「教職員が授業ガイダンスに赴いたところ、学生が教室一杯にいてザワザワとしていたことから、教職員はその場で、これでは原告の言葉を聞き逃す可能性があると判断し、教職員が持参していたスマートフォンにて録音したのです」と供述しています。これは、あなたが供述したものに弁護士が加筆したものですか」
黒川「いや、これは私が書いたものだと思います」
尋問「黒川先生が赴いて原告の授業を録音したのですか」

黒川「いいえ」
尋問「録音はしていない」
黒川「はい」
尋問「直接体験したことではないのですか」
黒川「これは聞いたことです」
尋問「学生が教室いっぱいにいたところを見たわけではないのですか」
黒川「私はそこに行ってませんので」
尋問「黒川先生が原告の授業を録音したわけではない」
黒川「はい」
尋問「黒川先生は、「永野センター長と協議して初回授業を直接見る必要があると判断した」と供述しています。永野センター長が黒川先生に録音するよう指示したのですか。それとも黒川先生が単独で録音するよう判断したのですか」
松居弁護士「誤導です。どこにも録音については書いてないじゃないですか（怒）。「調査する必要性が高い」としか書いていません」
尋問「調査する必要があると判断したのは、黒川先生ですか、永野先生ですか」
黒川「永野先生と私で協議して、対応する必要があるだろうということを決めました」
尋問「そうすると、録音の指示はしてないということですか、したということですか」
黒川「だれにもしていません」

尋問「理事会が予備的に普通解雇したほうがいいと判断した理由として、今回懲戒解雇理由になっている四つ以外の何か具体的な事情を述べていましたか」
黒川「理事会の調査には、教科書のことも入っていたと思います」
尋問「教科書のこと以外には記憶はないということですか」
黒川「そうです。われわれが調べたことに加えて、教科書のことです」

三　嶋田彩司（第一次調査委員長）の証言

1　第一回事情聴取での発言

嶋田「私たちが得ている情報という言い方をしますけれども、寄川先生が授業の中でこう言ったというふうに、私たちが理解ないし認識していることがいくつかあるのです」

2　第二回事情聴取での発言

嶋田「われわれには録音資料があります」
原告「何のですか」
嶋田「授業のです」
原告「では、それを出してください」
嶋田「出しません」

原告「私の授業を録音していたということですか」
嶋田「はい」
原告「知らない間にですか」
嶋田「さあ。説明はできません。録音を使用するのはよいと確認しています」
原告「だれが録音したのですか」
嶋田「答えられません」
原告「どうしてですか」
嶋田「答えません」
原告「どうして答えないのですか」
嶋田「答えないことにしています」
原告「なぜですか」
嶋田「調査委員会の合意事項です」

3 証人尋問での証言

嶋田「私は、原告が第一週の授業で学生に向かって話した内容について、これが事実かどうかを録音テープに基づいて聞いいただけです」
嶋田「私たちは調査委員会として資料に基づいて原告に内容の真偽について、そういう発言をしたかどうかを、質問したということです」

嶋田「調査委員長として、原告がガイダンスで行った授業の録音の内容を知る機会がありました」
尋問「事情聴取の中で、原告から録音資料の提示を求められましたか」
嶋田「はい」
尋問「なぜ、原告に録音資料を提示しなかったのですか」
嶋田「事前に調査委員会として、その旨を申し合わせていました」
尋問「提示できない理由があったのですか」
嶋田「提示する必要がないと考えました」
尋問「だれから録音資料の使用許可をとったのですか」
嶋田「使用許可ではなくて、録音資料に基づいて質問するのは差し支えがないことを、永野センター長を通して顧問弁護士に確認してもらいました」
尋問「顧問弁護士から、録音資料の使用許可をとったということですか」
嶋田「録音資料を参考にして質問するのは差し支えない、というアドバイスをもらいました」
尋問「大学の授業を録音する行為は不正な行為であるという認識はありましたか」
嶋田「今回の件に限っていえば、まず、録音がガイダンスであるということ、これは非常に重要だと思っています。授業の内容について録音し、何か検閲のようなものをすることは、それが濫用されることは危険だと思いますが、ガイダンスとは、原告の話のテープ起こしされたものを見ても、授業の進め方とか、レポートのこととか、要するに外形的な説明に内容が終始しています。授業の内容の録音というには当たらないと私は判断しました」

尋問「調査委員会の事情聴取のまえに、事前に原告の授業の録音を聞いたのですか」
嶋田「直前だったと思います。録音テープは全部は聞いていません。聞いて、その声が原告のものであることを私なりに確認するために、部分的に聞きました。データそのものは、文字に起こしたものを渡されて、それを私は読みました」

四　山下篤（教務課長）の証言

証人尋問での証言

尋問「クレーム受付票が証拠として提出されていない理由は何ですか」
山下「ちょっとその点は分かりません」
尋問「学生のクレーム受付票は作成されたのですか」
山下「はい、作成しました。自分自身で作成しておきました」
尋問「クレーム受付票は学生が手書きで書くものですよね」
山下「これについては、書いておりません」
尋問「『原告は小テストを読まずに処分している』と供述していますが、原告が読まずに処分しているのを見たのですか」
山下「見ていませんが、『みんなのキャンパス』という掲示板に読んでいないとありました。大量のものをどのようにして読んだのか。読んでいないとしか思えない」

尋問「学生が原告に提出した小テストを、原告が破棄を依頼したにもかかわらず、処分せずに保管していたのですか」
山下「きちんとした授業運営がされているかどうかを確認する必要があると思いましたので、小テスト用紙は処分しないでちょっと保管しておいてくださいと」
尋問「原告の許可は得ていないということですか」
山下「原告にはとくに言っていません」
尋問「保管していることについて、だれかに報告しましたか」
山下「永野茂洋先生と黒川貞生先生に話しました」
尋問「どれくらい大テストや小テストやレポートを保管しているのですか」
山下「ほぼ毎週です。すべての週で、授業の分ではないですけど、教員ラウンジに出されたものは保管してもらいました」
尋問「原告の授業を聞きましたか」
山下「聞いていません」
尋問「録音資料は見ましたか」
山下「一部は見ました」
尋問「授業の録音を聞いたのですか」
山下「聞いてはいません。テープ起こしされたペーパーを読んだと記憶しています」

五　原田勝広（第二次調査委員長）の証言

調査委員会の報告

原田「本について調査しました。寄川教授は自著、紀川しのろ『教養部しのろ教授の大学入門』を倫理学の教科書として使用しています。この本を一般人がたまたま読んだところ、キリスト教あるいは大学の権威を揶揄したエッセイとして、つまり明治学院大学とは無関係なものとして読まれうることは確かでしょう。しかし、キリスト教を理念とする明治学院大学において教科書として使用するとなると、きわめて不適切であると考えます」

原田「まず、ペンネームです。一般人にはいいのですが、教科書となったとたん「紀川しのろ」というペンネームが「寄川条路」と読み替えられます。学生がこの本を読んだとき、本に登場する「平成学院大学」が「明治学院大学」に引き付けられて考えられることは十分に想定されます」

原田「内容は明治学院大学にきわめて深刻な事態を引き起こします。とくに問題となる記述は以下のとおりです。「しのろ教授はたんに大学の倫理学の教授を担当しているにすぎない。だれがやっても、大学の授業とはその程度だ」。「質問に来る学生は手間がかかるから嫌いだ」。「大学の出張とは大学に命じられて出かけていくものではない。先生たちはどこか行きたいから行くだけ。国内出張であればいつでもどこでも、あとから宿泊費を請求すればよい」。「AO入試はいまやアホのAとオバカのO、だれでも応募できる簡単な入試」。「ミッションスクールは、お猿に芸を身に付けさせるように、小さな子どもたちに信仰を植え付けさせる人間動物園」。「ミッションスクールでは、周りの人たち、たとえば他者への貢献、ボランティア精神をたたえ、世の中で役に立つ人を育てること、他者への貢献なんて余計なお世話だ」。以上はほんの一部ですが、たくさんあります」

原田「このような本を明治学院大学の授業の教科書として使う寄川教授は、就業規則にある、業務に必要な適格性を欠き、職務に適さないものと認められるに相当し、普通解雇に相当します」

原田「補強材料として具体的な情報を出すとよい、というのが弁護士のアドバイスでした。証拠があるものを勘案してまとめました」

原田「教員として不適切な言動は、録音テープがあるので証拠があるということです。寄川先生の授業から教員としてふさわしくない要素を導き出します。たとえば、「夏休みが近いからもうお休みです。七月二〇日は病気とします」。「小テストと大テストとレポートを出すと、かならず合格します」。「寄川先生」と、自分のことをこう言っています。「寄川先生の授業は人気があります。どうしてかというと、授業が面白いからではありません。ためになるからでもありません。たんに楽なだけです」。ここは意味不明です」

原田「結論として調査委員会は、寄川教授を懲戒解雇とし懲戒解雇が認められない場合は普通解雇とすることを決定しました。この部分を説明しますと、懲戒解雇とした場合、懲戒解雇が裁判で認められなかった場合はゼロです。懲戒解雇と普通解雇という二段構えの場合、懲戒解雇にはならないけれど普通解雇では勝てるという、裁判をにらんだ弁護士のアドバイスです。裁判に行かないで調停とか和解になった場合も、このような記載を残すのが望ましいということです」

原田「事案は大部もれているので、いろいろな人から伝聞のかたちで聞いています。その場合は、教員に適さないという事例のがれきの中の一つなので、そういうかたちで行けるのか、あるいは証拠物件をそろえたほうがいいのか、弁護士と相談します」
渡辺「証拠の「録音テープあり」のところは消したほうがいい」
原田「作戦上そうですね」

第四節　授業の盗聴者と録音者について

原告は、授業の中で、「授業を無断で録音し、録音テープを嶋田彩司先生に提供した人を探しています。録音者と録音資料の使用者に対して法的措置を取りますので、ご存じの方はご一報ください」と書いた用紙を学生に配布し、だれが録音したのかを解明するために学生に呼びかけた。

被告によれば、原告は録音した者を特定しようとしたが、訴訟上、録音者を特定する必要はない。また、原告は証人尋問を利用して録音者を特定しようとしたが、証人尋問において録音者を特定するための質問がなされるのは不当である。被告は、原告の授業を録音したことを認めるが、録音者を特定する必要はないと主張する。しかしながら、被告の主張と証人尋問での証言から、録音者を特定することは可能である。被告の主張と証言を確認しておく。

まず、被告の主張は以下のとおりである。

鵜殿博喜学長が小川文昭教務部長からの調査要請を永野茂洋センター長に伝えた。永野センター長は調査方法について顧問弁護士に相談したうえで、黒川貞生主任と協議して原告の授業を調査することにした。そして、被告の「教職員」が原告の授業を録音して録音資料を嶋田彩司調査委員長に手渡した。

つぎに、被告の証言は以下のとおりである。

授業を録音した「教職員」は、調査委員長の嶋田彩司教授に録音資料を渡した。調査委員長の嶋田教授は、「永野先生から、執行部から録音資料を受け取った」と証言している。執行部とは、センター長の永野茂洋教授と主任の黒川貞生教授である。黒川教授は、「一回目の授業をのぞいてみた」と盗聴を認めているが、「録音はしていない」と証言している。

嶋田教授と黒川教授の証言から、録音者を特定することができる。

授業を録音していた「教職員」とは、センター長（のち副学長）の永野茂洋教授である。

永野教授は、原告の授業を録音したその翌週も、原告の授業をのぞきに来ていたが、このときは学生らに見つかって教室から追い出されている。その後、「録音をしたのか」との原告の問いに対し、永野教授は「そうだ」と答えている。

授業盗聴に関与した被告の役割をまとめると以下のようになる。

調査を指示した者：鵜殿博喜（学長）

調査を要請した者：小川文昭（教務部長）

調査を助言した者：小池健治、松居智子、横澤康平（顧問弁護士）

授業を盗聴した者：永野茂洋（センター長のち副学長）、黒川貞生（主任のちセンター長）
授業を録音した者：永野茂洋（センター長のち副学長）
録音を使用した者：嶋田彩司、原田勝広（調査委員長）、大森洋子、亀ヶ谷純一、高桑光徳、鄭栄桓、森田恭光、渡辺祐子（調査委員）、山下篤（教務課長）

最後に、明治学院大学事件に関与した大学関係者を挙げておく。なお、関係者の陳述書は資料集に収録される。

1　理事会

・理事長：青本健作、山﨑雅男（東京電力副社長）
・学院長：小暮修也（高等学校元校長）
・大学長：大西晴樹（経済学部教授）陳述書（乙74）、鵜殿博喜（経済学部教授）、松原康雄（社会学部教授）
・副学長：永野茂洋（教養教育センター教授）陳述書（乙54）
・学部長：黒川貞生（教養教育センター教授）陳述書（乙55）
・学校長：伊藤節子（中学校高等学校校長）陳述書（乙64）

2　教授会

・センター長：永野茂洋（教養教育センター教授）陳述書（乙54）
・主任：黒川貞生（教養教育センター教授）陳述書（乙55）

3　調査委員会

・第一次調査委員会
・委員長：嶋田彩司（教養教育センター教授）陳述書（乙50、乙57）
・委員：亀ヶ谷純一（教養教育センター教授）陳述書（乙51）
・委員：原田勝広（教養教育センター教授）陳述書（乙52）
・委員：高桑光徳（教養教育センター教授）
・委員：鄭栄桓（教養教育センター教授）
・第二次調査委員会
・委員長：原田勝広（教養教育センター教授）陳述書（乙52）
・委員：亀ヶ谷純一（教養教育センター教授）陳述書（乙51）
・委員：大森洋子（教養教育センター教授）陳述書（乙53）
・委員：森田恭光（教養教育センター教授）陳述書（乙58）
・委員：渡辺祐子（教養教育センター教授）

4　事務局

・職員：高橋千尋（学生部）陳述書（乙44）
・職員：青山尚史（総務部）陳述書（乙45）
・職員：野田翔（キャリアセンター）陳述書（乙46、乙109）
・職員：花本昌彦（教務部）陳述書（乙47、乙110）

・職員：飯島正人（総合企画室）陳述書（乙４８）
・職員：山下篤（教務部）陳述書（乙４９、乙１０８）
・職員：海老原延佳（自己点検推進室）陳述書（乙１７５）

5　代理人

・弁護士：小池健治（長野国助法律事務所）
・弁護士：松居智子（長野国助法律事務所）
・弁護士：横澤康平（長野国助法律事務所）

第三章　無断録音を謝罪して和解へ
――裁判所の判断――

第一節　労働審判

「東京地裁平成二八年（労）第七九一号地位確認等請求事件」（二〇一六年一〇月二八日申立、二〇一六年一二月八日終了）

「労働審判法二四条一項により終了」（審判官：遠藤東路、審判員：田辺順一、杉浦学）

労働審判委員会は、解雇は無効と判断して教授側と大学側の双方に復職和解を提案したが、大学側は事前に、「復職を内容とする解決はできないが、その他の条件による解決は検討する」と、労働審判委員会に回答していた。事前回答のとおり大学側が労働審判委員会の提案を拒否したため、和解は不成立となり労働審判は終了した。和解が成立せずに労働審判が終了すると、同じ地方裁判所に本提訴される。

第二節　第一審訴訟

「東京地裁平成二八年（ワ）第四一五九七号地位確認等請求事件」（二〇一六年一二月二八日提訴、二〇一八年六月二八日判決）

「主文

一　原告が被告に対して労働契約上の権利を有する地位に在ることを確認する。

二　被告は、原告に対し、三三万二七一四円及びこれに対する平成二八年（二〇一六年）一〇月二三日から支払済みまで年五％の割合による金員を支払え。

三　被告は、原告に対し、平成二八年（二〇一六年）一一月二二日からこの判決の確定の日まで、毎月二二日限り、六九万八七〇〇円及びこれに対する各支払期日の翌日から支払済みまで年五％の割合による金員を支払え。

四　原告のその余の請求をいずれも棄却する。

五　訴訟費用は、これを一四分し、その五を原告の負担とし、その余は被告の負担とする。」

（裁判長：江原健志、裁判官：大野眞穂子、人見和幸）

地裁判決の要点はつぎのとおりである。
一　大学による解雇は無効なので教授の地位を認める。
二　大学は教授に解雇月の給与残高三三万二七一四円と利息を支払え。
三　大学は教授にその後の給与月額六九万八七〇〇円と利息を支払え。
四　教授の大学への慰謝料請求は認めない。
五　裁判費用は教授が三割、大学が七割を支払え。

第三節　控訴審訴訟

「東京高裁平成三〇年（ネ）第三六四一号地位確認等請求控訴事件」（二〇一八年七月一〇日控訴、二〇一九年一一月二八日和解）

「和解条項
一　一審原告と一審被告は、一審原告と一審被告間の雇用契約が、令和元年（二〇一九年）一一月二八日付けで合意による一審原告の退職により終了することを確認する。
二　一審被告は、一審原告に対し、本件解決金として五〇〇〇万円を、令和元年（二〇一九年）一二月二七日限り、三井住友銀行六本木支店の「ベリーベスト弁護士法人　一般預り口　代表社員　萩原達也」名義の普通預金口座（番号七六六九五九八）に振り込む方法により支払う。この振込手数料は一審被告の負担とする。

三　一審原告と一審被告とは、互いに本件に関し誹謗中傷する言動を一切行わないことを約束する。

四　一審原告は、一審被告に対し、一審被告の大学の学生に関する個人情報記載の書類・データを責任をもって令和元年（二〇一九年）一二月二七日までに廃棄することを約束する。

五　一審被告は、一審原告に対し、東京地方裁判所が本件録音は適法であると判示したとはいえ、一審原告に無断で授業を録音するに至ったことについて遺憾の意を表する。

六　一審原告は、その余の請求を放棄する。

七　一審原告と一審被告は、一審原告と一審被告との間には、本和解条項に定めるもののほか、何らの債権債務がないことを相互に確認する。

八　一審原告は、一審被告に対し、一審原告が一審被告の教職員に対して本件に関連して金銭的請求及びその他の請求をしないことを約束する。

九　訴訟費用は、第一審、第二審を通じて各自の負担とする。

以上」

（裁判長：白石哲、裁判官：河合芳光、廣澤諭）

高裁が提示した和解案の要点はつぎのとおりである。

一　教授と大学は退職和解に同意する。

二　大学は教授に和解金五〇〇〇万円を支払う。
三　教授と大学は互いに相手の悪口を言わない。
四　教授は学生の個人情報を廃棄する。
五　大学は教授に無断で授業を録音したことを謝罪する。
六　教授は大学に慰謝料の請求をしない。
七　教授と大学にその他の権利と義務はない。
八　教授は大学の教職員にその他の請求をしない。
九　裁判費用は教授と大学の双方で負担する。

第四節　争点整理——双方の主張と裁判所の判断

最後に、大学側の主張、教授側の主張、裁判所の判断をまとめておく。争点を整理すると、つぎの四つになる。第一に、授業盗聴の告発は懲戒解雇理由になりうるのか。第二に、キリスト教に反する教科書の使用は普通解雇理由になりうるのか。第三に、授業の無断録音は違法行為になりうるのか。第四に、解雇後に提示されたその他の解雇理由は手続き上有効なのか。（次頁の表を参照）

争点	大学側の主張	教授側の主張	裁判所の判断
1 懲戒解雇理由とされた授業盗聴の告発について	告発により大学の名誉を毀損したので懲戒解雇に当たる。	大学による授業盗聴という客観的事実を正確に伝えている。	大学の名誉を毀損したとはいえないので懲戒解雇は無効である。
2 普通解雇理由とされた教科書の使用について	キリスト教に反する教科書を使用したので普通解雇に当たる。	大学の倫理学の教科書として適切である。	大学の倫理学の教科書として適切なので普通解雇は無効である。
3 損害賠償を請求された授業の無断録音について	授業ガイダンスの録音であり大学の管理運営上適法である。	授業の無断録音は教育の不当な支配であり違法である。	授業ではなくガイダンスの録音なので大学の管理運営上適法である。
4 解雇後に提示されたその他の解雇理由について	解雇後に提示されたその他の解雇理由も手続き上有効である。	解雇後に提示されたその他の解雇理由は手続き上無効である。	解雇後に提示されたその他の解雇理由は手続き上無効である。

第四章　教員解雇事件と職員解雇事件
――二つの明治学院大学事件――

労働訴訟は通常、会社や学校の名をとって「○○事件」と呼ばれるが、「明治学院大学事件」と呼ばれるものには、じつは二つある。一つは二〇一六年の本件「教員」解雇事件であり、もう一つは二〇〇九年の「職員」解雇事件である。

裁判記録を確認したところ、教員解雇事件と職員解雇事件のどちらも、東京地裁では解雇無効の判決により地位と賃金が認められ、東京高裁では和解金（教員には五〇〇〇万円、職員には三五〇〇万円）の支払いにより退職和解で終結している。どちらの事件でも、大学側の代理人弁護士は同一人物であり、大学側の主張も同一内容であった。明治学院大学が同一理由で教職員の解雇を繰り返していたことが確認できる。

判例集には二つの「明治学院大学事件」が収録されているので紹介しておきたい。

第一節　明治学院大学「教員」解雇事件

事件名：明治学院大学教員解雇事件
事件番号：東京地裁平成二八年（ワ）第四一五九七号
判決日：東京地裁平成三〇年六月二八日
判例LEX／DB文献番号：二五五六一四一三
原告：明治学院大学教員（教養教育センター教授）
被告：明治学院大学理事長（青本健作、のち山﨑雅男）
原告代理人：酒井将、浅野健太郎、太期宗平、田中悠介（ベリーベスト法律事務所）
被告代理人：小池健治、松居智子、横澤康平（長野国助法律事務所）
裁判官：江原健志、大野眞穂子、人見和幸
判例集：『労働判例ジャーナル』第八二号、労働開発研究会、二〇一九年一月一五日

不適切な言動を理由とする元教授に対する懲戒解雇・普通解雇が無効とされ、地位確認請求が認められ未払賃金等支払請求が一部認められ、損害賠償等請求が斥けられた例。

この事件は、明治学院大学（以下、大学）等を設置し、運営する学校法人である学校法人明治学院（以下、学校法人）との間で労働契約を締結し、本件大学の教授の地位に在った者であるが、学校法人から解雇（主

位的に懲戒解雇、予備的に普通解雇）された元教授が、学校法人による当該解雇が無効である旨を主張して、学校法人に対し、労働契約上の権利を有する地位に在ることの確認並びにバックペイとしての平成二八年一〇月分以降の未払月額給与等の支払を求めるとともに、明らかに不合理な理由に基づいて当該解雇がされたことや当該解雇に至る過程において学校法人が元教授の授業の内容を無断で録音し、これを元教授に開示しなかったことにより、その人格権を侵害され、多大な精神的苦痛を被った旨を主張して、学校法人に対し、不法行為に基づく損害賠償請求として慰謝料五〇〇万円等の支払を求めた事案において、裁判所が、懲戒解雇は懲戒権を濫用したものであり、普通解雇は、解雇権を濫用したものであるとして、懲戒解雇・普通解雇無効地位確認等請求を認容し、未払賃金等支払請求を一部認容し、損害賠償等請求を棄却した事例である。

懲戒・普通解雇無効、地位確認等請求認容、損害賠償等請求棄却

1　懲戒事由に当たる元教授の言動（教務課の職員や学生に対して大学の教員として不適切な言動）については、元教授に一応の酌むべき事情が認められ、このことに加え、元教授の当該言動によって、A教授自身の精神状態の具体的な悪化や、学生のA教授に対する不信感が原因となってA教授の授業に具体的な支障が現に生じたというような事情も認められないこと、元教授にはこれまで懲戒処分歴が全くないこと、懲戒解雇による元教授の経済的な不利益なども考慮すると、元教授の当該言動について、学校法人が本件就業規則第三二条に定める七段階の懲戒処分の中でも最も重い懲戒解雇を選択したことは、客観的に合理的な理由を欠き、社会通念上相当であるとは認められない場合に当たるというべきであるから、懲戒解雇として行われた本件解雇は、労働契約法（平成一九年法律第一二八号）第一五条の規定により、

懲戒権を濫用したものとして、無効となるとされた例。

2　元教授の不適切な言動については、注意や指導等を受けた結果、元教授に一定程度の改善が見られたとも評価し得るものであり、元教授の授業運営等については、通院を口実に授業を休講としている点が大学の教員として不適切であるものの、大学教授ないし教員として不適切であるとまでは断じ難く、また、元教授にはこれまで懲戒処分歴が全くないことも加味すれば、元教授について、いまだ当該適格性の欠如が元教授を本件大学の教員から排除しなければならないほどに重大な程度に至っているとまではいうことはできず、そして、解雇による元教授の経済的な不利益なども考慮すると、普通解雇として行われた本件解雇は、客観的に合理的な理由を欠き、社会通念上相当であるとは認められない場合に当たるというべきであるから、本件解雇は、労働契約法第一六条の規定により、解雇権を濫用したものとして、無効といわざるを得ないとされた例。

3　学校法人が主張する解雇の事由については、その大半において当該主張に係る事実関係を認めることができるのであり、それらによれば元教授には大学の教授ないし教員として不適切な言動が多々見られていたのであって、学校法人が不当な動機や目的において本件解雇に及んだとはいうことができず、また、本件録音行為によって録音されたのは、主として当該授業に関するガイダンスの部分であり、履修登録をした特定の学生に対して行った講義そのものではなく、本件録音行為は、学校法人の使用者としての地位に基づいて認められる本件大学の管理運営のための権限の範囲内において適法に行われたものということができるから、学校法人が元教授に告知しないまま本件録音行為を行ったことが教育基本法一六条一項に規定する不当な支配に当たるということはできず、元教授に教授の自由が保障されていることを考慮しても、元教授の学問的研究活動を侵害し、自由な教育の機会を奪うものとして、その人格権を侵害するものであるということはできないから、元教授の請求のうち不法行為に基づく損害賠償請求等の請求は、理由がないとされた例。

第二節　明治学院大学「職員」解雇事件

事件名：明治学院大学職員解雇事件
事件番号：東京地裁平成二一年（ワ）第九六四四号
判決日：東京地裁平成二二年七月一二日
判例ＬＥＸ／ＤＢ文献番号：二五四七一二六七
原告：明治学院大学職員（国際交流センター次長）
被告：明治学院大学理事長（若林之矩）
原告代理人：只野靖、木村壮（東京共同法律事務所）
被告代理人：小池健治、大杉智子（長野国助法律事務所）
裁判官：青野洋士
判例集：『大学教職員のための判例・命令集２』日本私立大学教職員組合連合、二〇一八年、六九頁高度な英語能力とマネジメント能力を有するものとして、大学の国際交流業務を行う管理職（次長）として中途採用した職員に対して、就任後、期待されたマネジメント能力を有しておらず、組織運営に極めて重大な支障をきたしたとして解雇がなされた事案である。裁判所は、大学職員として望ましくない、あるいは不適正なものであることは明らかとしつつも、業務支障の状況や程度からすれば、当該職員を大学から排除しなければならないほど重大なものであるとはいい難いとして解雇を無効としている。

本件職員解雇事件については、判決当日の二〇一〇年七月一二日につぎのようなニュースが配信されている（『共同通信』、『日本経済新聞』など同文）。


明治学院大職員の解雇無効――問題行為「重大性なし」

明治学院大の元男性職員が、不適切な窓口対応などを理由に解雇されたのは不当として、大学側に地位確認や解雇以降の賃金支払いを求めた訴訟の判決で、東京地裁は二〇一〇年七月一二日、「問題行為」を認めた上で「態様や業務への支障の程度は、大学から排除しなければならないほど重大とは言い難い」と請求を全面的に認めた。

青野洋士裁判官は、不適切な窓口対応や（1）別の職員に業務指示と受け取られる形で映画観賞を勧めた（2）入試業務説明会で居眠りしたり、試験当日に受験生用のいすに座ったりした――など計一四の問題行為を認め「職員としての問題は小さくない」と指摘。

一方で、解雇に関して「担当業務の変更、縮小に準じるやむを得ない事情がある場合」などと定めた大学側の就業規則にはいずれも該当しないと判断した。

判決によると、男性は複数の会社を経て二〇〇六年一〇月、英語やマネジメントの能力を評価され大学の国際交流センター次長に採用された。その後、二度にわたって異動したが「十分に業務を遂行できない」として昨年（二〇〇九年）二月に解雇された。

第五章　「学問の自由」の侵害

――新聞報道から――

明治学院大学〈授業盗聴〉事件は東京新聞・中日新聞等のマスコミでも取り上げられたので、その中からいくつかの記事を紹介しておきたい。

第一節　東京新聞「無断録音〈学問の自由侵害〉――解雇の元教授、明治学院を提訴」（二〇一七年一月七日）

授業を無断録音された上、懲戒解雇されたのは不当などとして、明治学院大（東京都港区）の元教授寄川条路さん（五五）が、同大を運営する学校法人「明治学院」に教授としての地位確認と、慰謝料など約一、三七〇万円を求める訴訟を東京地裁に起こしたことが、関係者への取材で分かった。

訴えなどによると、寄川さんは一般教養で倫理学を担当。二〇一五年四月の授業で、大学の運営方針を批判したことなどを理由に、同一二月に大学側から厳重注意を受けた。大学側は、授業の録音を聞いて寄川さんの批判を知ったと認めたため、寄川さんは学生が何らかの情報を知っているかもしれないと推測。テスト用紙の余白に、大学側の教授の名前を挙げ「録音テープを渡した人を探している」と印刷し、呼び掛けた。これに対し大学側は、その教授が録音に関わった印象を与え、名誉毀損に当たるなどとして昨年一〇月に懲戒解雇した。

寄川さんは「大学側が授業を録音したのは、表現の自由や学問の自由の侵害だ」と主張。労働審判を申し立てたが解決に至らず、訴訟に移行した。大学側は審判で職員による録音を認めた上で「録音したのは実質的には授業でなく、（年度初めに授業方針を説明する）ガイダンス。授業内容を根拠としての解雇ではない」と説明していた。

同大広報課は、本紙の取材に「懲戒処分は手続きに沿って適正に判断した。個別案件についてはコメントできない」としている。

第二節　上智新聞「揺らぐ学問の自由――〈盗聴〉告発の明治学院教授」（二〇一七年二月一日）

二〇一六年の学長選任規則改正による学長選挙の廃止を受け、本紙一月号は「問われる『大学の自治』」と題した記事を掲載した。

機を同じくして、東京新聞一月七日朝刊に「無断録音――学問の自由侵害」という記事が掲載された。明治学院大学の寄川条路教授が、講義の無断録音及び懲戒解雇は不当だとして学校法人「明治学院」に対し、地位確認や慰謝料などを求める訴訟を起こしたという内容だ。「学問の自由の侵害だ」とコメントを出している寄川教授に対し、本紙が独自に取材した。

寄川教授は以前から、講義の受講上限人数などをめぐり大学側と対立していた。大学側は学期初めの講義を無断で録音し、教員の処分を検討する会議で使用していたという。寄川教授が秘密録音を「組織的な盗聴」だと関係者の名前とともに告発し、学生に情報提供を呼びかけると、大学側は名誉毀損だとして同教授を懲戒解雇。また教科書や講義内容が大学の理念にそぐわず教員不適格だとして、普通解雇を重ねて行ってきたという。寄川教授は「懲戒解雇だけでは、判例などから不当と判断されやすいため、より確実に解雇したいのだろう」と推測する。

大学側は労働審判で録音の事実を認めながらも、録音したのは学期初回のガイダンスであり、解雇理由に講義内容は関係ないと主張。復職を求める寄川教授と金銭解決を目指す大学側とで決着がつかず、訴訟へと至った。現在も係争中で、寄川教授は今後訴訟の経過に応じて順次情報を公開する予定だという。

寄川教授は「言論と表現の自由が保障されるべきなのは大学に限った話ではない」としながらも「講義の盗聴は教員のみならず学生たちの間にも不信感を招く。信頼関係を確立すべき教育の場では最も不適切な行為だ」と語る。また、学生に向けて「大学は何を言いたいか、何を聞きたいかを自分で考えることができる場。それを大事にしてほしいが、今行われているのはそうした場の破壊にほかならない」と大学の価値とその危機に目を向ける重要さを訴えた。

第三節　東京新聞「明治学院大元教授の解雇〈無効〉――東京地裁判決　授業無断録音訴訟」（二〇一八年七月四日）

授業を無断録音され、懲戒解雇されたのは不当として、明治学院大学（東京都港区）の元教授寄川条路さん（五六）が、教授としての地位確認などを求めた訴訟で、東京地裁（江原健志裁判長）は、同大を運営する学校法人明治学院に解雇無効を命じる判決を言い渡した。授業の録音については違法性を認めなかった。三日、記者会見した寄川さんは「無断録音は客観的事実なのに違法性を認めないのは筋が通らない」と述べた。判決言い渡しは六月二八日。

訴えなどによると、寄川さんは同大の教授だった二〇一五年、授業で大学の運営方針を批判したことなどを理由に大学側から厳重注意を受けた。大学側が授業の録音を聞いて寄川さんの批判を知ったと認めたため、寄川さんは教授名を挙げて「録音テープを渡した人を探している」とテスト用紙の余白に印刷し、学生に情報提供を呼び掛けた。

大学側は、その教授が録音にかかわった印象を与え、名誉毀損に当たるなどとして、一六年に寄川さんを懲戒解雇。寄川さんは「授業の無断録音は表現の自由や学問の自由の侵害だ」と訴えていた。

江原裁判長は判決理由で、授業での寄川さんの態度が不適切だったと認定したが、解雇は「客観的に合理的な理由を欠く」として無効と結論付けた。一方、録音した授業は年度初めのガイダンスで、講義ではなかったなどと判断、「大学の管理運営のための権限の範囲内」と指摘した。双方が控訴する方針。

第四節　日刊ゲンダイ「盗聴告発教授の解雇は〈無効〉――改めて問われる明学の体質」（二〇一八年七月四日）

明治学院大学が揺れている。大学当局が教授に無断で授業を録音し、それを告発した教授が解雇され、その無効を争った裁判の判決が先月二八日に下された。東京地裁は「教授の解雇は無効である」と判断した。三日、原告の寄川条路教授と太期宗平弁護士、法学者の小林節慶大名誉教授が司法記者クラブで会見を行った。

寄川教授の担当は倫理学。盗聴が行われたのは、二〇一五年四月の授業で、三〇〇人の学生を相手に行われたものだった。

寄川教授によると明治学院大学では大学組織を守るために、授業の盗聴が慣例として行われており、今回とは別の教員も授業を盗聴されて解雇されたという。

大学に批判的な教員を選別して盗聴している可能性が高い。小林氏はこう言う。

「学者は個性的で、それをお互いに許容し合って、歴史のなかで評価が定まってくるもの。個性を尊重しない多数決で押さえ込もうということが日本中で起きている」

大学側は判決について同日付の文書で、解雇理由は録音を告発したことではなく、原告の「不適切な言動」と説明。具体的な内容については、係争中の事柄につきコメントを控えるとし、控訴を予定している。

学問の自由がどこまで守られるのか注目が集まる。

第五節　弁護士ドットコム「大学の方針を批判、明治学院大教授の〈解雇〉は無効——東京地裁」（二〇一八年七月四日）

明治学院大で、倫理学を担当していた寄川条路教授が、不当な解雇をされたとして、大学を運営する学校法人「明治学院」（東京都・港区）を相手取り、教授としての地位確認や賃金の支払いなどを求めていた訴訟で、東京地裁（江原健志裁判長）は、解雇は無効とする判決を下した。判決は六月二八日付。

寄川さんと代理人弁護士らが七月三日、東京・霞が関の司法記者クラブで会見を開いて、明らかにした。寄川さんは「地位確認が認められて、ホッとしている」と心境を打ち明けた。一方で、大学側は、判決を不服として、控訴する方針を示している。

解雇権濫用で「無効」に

判決によると、大学側は二〇一五年四月、寄川さんに断りを入れず、授業のガイダンスなどを録音。さらに同年一二月、寄川さんが、大学の方針を批判していたとして、厳重注意とした。寄川さんは授業の中で、特定の教員の名前をあげて、無断録音に関する情報提供を学生たちに呼びかけた。大学側は二〇一六年一〇月、寄川さんを懲戒解雇とした。

東京地裁の江原裁判長は、原告に、教職員や学生に対する不適切な言動や、大学の方針に反する言動があったことは認めながらも、「職務上の義務に反したとまでいえない」「酌むべき事情があった」と判断。大学による解雇権の濫用だとして、教授としての地位確認と賃金の支払いを命じた。

寄川さんは、大学側による授業の録音行為を「教授の人格権」（学問の自由）を侵害するものとして、慰謝料をもとめていた。こちらについては、江原裁判長は「録音対象は、講義そのものではなく、ガイダンス部分だった」「録音は不当な目的や動機によるものではない」として棄却した。

明治学院大は、弁護士ドットコムニュースの取材に「解雇は録音を告発したことを理由にされたものではない」「（東京地裁で）録音の対象は、初回授業におけるガイダンスの部分であって講義そのものではなく、大学の管理運営のための権限の範囲内においてて適法におこなわれた、と判示された」などと回答した。今後、控訴する予定としている。

第六節　山岡俊介「〈いじめ対策せず〉元高校女生徒に続き――大学でも〈盗聴〉に抗議する教授を懲戒解雇し提訴されていた〈明治学院〉」（『アクセスジャーナル』二〇一八年二月二〇日）

「明治学院」（東京都港区）といえば、ヘボン式ローマ字で知られるアメリカ人宣教師ヘボン博士夫妻が開いた私塾が源流。一五〇年以上の歴史を誇り、わが国最古のミッションスクール。

そんな博愛精神を説く由緒正しい学校法人傘下の「明治学院東村山高等学校」（東京都東村山市）の女生徒（当時）が、いじめに会っていると訴えたにも拘わらずキチンと対策をしてくれなかったとして校長を相手取り、提訴したことは以前、本紙でお伝えしたが、同じく傘下の「明治学院大学」（東京都港区）でも、懲戒解雇された教授が、地位確認と約一三七二万円の慰謝料を求めて提訴していたことはわかったので報じる。

この訴訟、大学側が教授の授業中に無断で教室に立ち入り〈秘密録音〉した内容を根拠に懲戒解雇しており、「大学自治」「学問の自由」「信教の自由」にも関わる重大な点が問われているのだが、なぜか大手マスコミではまったくというほど報じられていない。

もっとも、すでに一六年一二月に提訴され、今年一月二五日には証人尋問が行われ、いよいよ一審判決が迫っている。

原告は愛知大学法学部教授を経て、一〇年四月から明治学院大学へ移籍、教養教育センターの教授として一六年九月まで、教養科目の「倫理学」を教えていた寄川条路氏（五六）。

訴状などによれば、被告が懲戒の最大の理由にあげたのは、授業の無断録音の事実を知った原告がだれが録音したか、またその録音を聞かせて欲しいと要求したが拒否されたことから、止む無く授業で配るレポート用紙の欄外に情報提供を求める書き込みをした点。

また、原告の授業は生徒に大人気だったところ、学校側が一方的に三〇〇名に履修制限したことから、その是非と理由を問う質問を、生徒向けの授業評価アンケートの質問内容に加えたこと。それから、授業で用いた原告の著書のなかに、キリスト教主義に批判的な内容が一部含まれていたことも懲戒理由としてあげられている。

読者のなかには、原告が政治的発言を行う者だったからではないかと推測する方もいるかも知れないが、原告はそんなことはなく、上記のような行為をしたに過ぎない。

ところが、被告側は授業の盗聴は今回に限らず、以前から大学組織を守るために「慣例」として認められていると、「違法行為」と抗議する原告に言い放っていたという。

そして、盗聴に限らず、以前から大学の権威やキリスト教主義を批判しないように、授業で使う教科書を検閲したり、教材を事前に検閲し配布禁止にしたりしていた。また、原告に限らず、以前にも些細と思われる理由で懲戒解雇された事例があるそうだ。

横に（編者注：本書の第六章第一節）、会員制情報誌『ベルダ』に寄稿した慶應大名誉教授で弁護士の小林節氏の記事（一七年一〇月号）を転載しておいたが、同氏もいうように、教授は大学と契約した授業に関して自由に研究や発言する「学問の自由」（憲法二三条）が保障されている。そして、教授の使う教科書を「検閲」するのも、まして「盗聴」など論外というか「違法行為」のはずだ。

実際、一六年一〇月、寄川氏が労働審判の申し立てを東京地裁に行なったところ、同年一二月、解雇は無効として地裁は寄川氏を復職させるように明治学院を説得。ところが拒否したことから本訴訟に移行している。

かつては東大ポポロ事件のように、大学構内に警官を入れることさえ大学の「学問の自由」と「自治」を犯すとして大問題になったのに、いつしか警官導入は当たり前に。本来、大学側の「盗聴」行為と聞けば大学内外から大きな批判の声が起きて当然とも思うのだがそれもなく、報道もなく、原告がほとんど孤立している状況は世も末というべき。

遅ればせながら、今後の判決など注視したい。

第七節　山岡俊介「明治学院大学――授業無断録音に抗議した教授の解雇は「無効」判決（東京地裁）」（『アクセスジャーナル』二〇一八年七月一二日）

本紙で今年二月二〇日に取り上げた、明治学院大学教授が大学側に授業中に無断録音されていたことを知り抗議したところ、目を付けられ、その後、授業で使用していた教科書や授業内容がキリスト教を批判しているなどとして解雇されたことに端を発する「授業無断録音訴訟」につき、六月二八日に一審判決が出ていた。

もっとも、大手マスコミで報じたのは唯一、「東京新聞」のみのようだ。

七月三日、原告の教授側が司法記者クラブで記者会見まで開いたにも拘わらずだ。

この訴訟、いくら教授も雇われとはいえ、授業に関して自由に研究や発言する「学問の自由」（憲法二三条）が保障されないようではとんでもないということで本紙は注目していた。

何しろ、明治学院大学（東京都港区。経営は「明治学院」）では、授業の盗聴が慣例として行われているという。大学の権威、キリスト教主義を批判していないかなど授業を担う教授らをチェックするためで、授業で使う教科書や教材の検閲も同様だという。

そんななか、授業中に無断録音されたことに倫理学担当の寄川条路教授（五六）が抗議したところ、一五年一二月、大学から「厳重注意」に。それを告発したところ、一六年一〇月、今度は懲戒解雇されたという。

そこで寄川氏は東京地裁に地位確認の労働審判を申し立て。

一六年一二月、地裁は解雇は無効として寄川氏の復職を提案したが、大学側が拒否したことから提訴して争われていた。

東京地裁は六月二八日、解雇権の濫用だとして、教授としての地位確認と賃金の支払いを命じた。

もっとも、この一審判決、（一）無断録音に関与したと思われる教員の氏名を公開したこと、（二）教授会の要請に応じなかったことに寄川氏も落ち度があると認定。しかしながら、教授会の要請が原告の認識に反するような見解を表明させるものであるなど、原告にも酌むべき事情があるとして、解雇は相当でないと判断した。

また、寄川氏は無断録音は学問の自由を侵害する違法なものなどとして、損害賠償請求も行っていたが、これに対し一審判決は、録音対象の大半は授業ではなくガイダンス部分だったとして、これを認めなかった。

一方、大学側は「解雇は録音を告発したことが理由ではない」「（東京地裁判決は）録音の対象は、初回授業におけるガイダンスの部分で講義ではなく、大学の管理運営のための権限の範囲内において適法に行われた、と判示された」としている。

こうした見解の相違から、大学側も原告側も控訴する方針。

なお、寄川氏、代理人の太期宗平弁護士と共に記者会見に同席した小林節慶應大学名誉教授は、「学者は個性的で、それをお互いに許容し合って、歴史のなかで評価が定まって来るもの。個性を尊重しない多数決で押さえ込もうということが日本中で起きている」と懸念を表明した。

学問の自由がどこまで守られるか、控訴審の行方にも要注目だ。

第八節　山岡俊介「和解も無断録音につき大学側謝罪——明治学院大学「授業盗聴」事件の結末」（『アクセスジャーナル』二〇一九年一二月一三日）

報告が遅くなってしまったが、一一月二八日、東京高裁において和解が成立したという。

和解内容は、大学は授業を無断で録音したことを謝罪し、これに抗議したところ解雇された教授には和解金を払って円満に退職するというもの。

本紙では、この明治学院大学（東京都港区。経営は「明治学院」）における「授業盗聴」事件、「大学自治」「学問の自由」「信教の自由」にも関わる重大案件と見て、大手マスコミはほとんど無視したが、二度に渡り報じていた。

明治学院大学は以前から、大学組織を守るために「慣例」として授業を無断録音。そして、これに寄川条路教授（五八）が抗議すると、寄川教授が授業で使用していた教科書や授業内容がキリスト教を批判している（同大はわが国最古のミッションスクール）などという理由で解雇したからだ。

一八年六月、東京地裁で一審判決が出、解雇権の濫用だとして、寄川教授の地位確認と賃金支払いを命じた。

しかし、この一審判決、録音対象の大半は授業ではなくガイダンス部分だったとして無断録音が違法とは認めなかったことなどから寄川教授、一方、キリスト教批判に関しては授業でそれほど重要なものではなく風刺と理解できるので普通解雇に該当しないとした部分などに大学側は納得できないとして、原告・被告双方、告訴していた。

第六章　明治学院大学の「犯罪」
――論説記事から――

明治学院大学〈授業盗聴〉事件についてはすでに多数の雑誌で論評されているので、ここでは代表的なものを三つほど選んで紹介しておきたい。一つ目は、小林節「学問の自由と信教の自由を弁えない大学」であり、二つ目は、浅野健一「授業を無断録音し教授を解雇した明治学院大学の犯罪」であり、三つ目は、タケナカシゲル「授業盗聴・教科書検閲・理事会乗っ取り――いま大学で何が起きているのか?」である。

第一節　小林節「学問の自由と信教の自由を弁えない大学」（『月刊ベルダ』二〇一七年一〇月号）

明治学院大学の寄川条路教授（倫理学担当）が懲戒解雇された。理由は、同教授が、大学の教育方針と大学の設立母体であるキリスト教派の教義に批判的だからだそうである。その決定のために、大学は、同教授の教科書の内容を確認し、さらに、同教授の年度初回のオリエンテイション講義を無断で録音してその内容を確認したとのことである。

私は、かつて日本とアメリカの大学で学んで憲法学者になり、その後、日本とアメリカ等の大学で教授として働いた大学人として、この話に接した時、その信じ難い内容を、俄には理解できなかった。

人間は、文明を持つ特異な存在として、この地球上に君臨して来た。この世には、天変地異から人間関係や病気に至るまで、あらゆる出来事に因果関係がある。そして、人々を幸福にする因果関係を発見・増進し、逆に人々を不幸にする因果関係を発見・減殺しようと努力して来たのが、人類文明の歴史である。

この、あらゆる事象の因果関係を追究する自由を「学問の自由」と言い、これは全ての人間に保障された人権である。しかし、高度の文明を生きる近代以降の人類は、職業としての学問に人生を懸けた人々が権力による弾圧と誘惑を逃れて学問の自由を享受する場としての「学問の自治」を確立した。

だから、大学において、教授は、担当科目として大学と契約した科目に関する限り、その研究・教育の対象・方法・発展に関する自由を憲法二三条により保障されており、教授の自由は、法に触れない限り、歴史の中で学問的評価以外により裁かれることはない。

だから、大学当局が、教授の教科書を「検閲」したのも論外であるが、さらに、教室に不法侵入して講義を録音するという違法行為まで犯して、それが「大学の方針に反する」など評価して、その地位を奪うことは論外である。

教授という地位で採用された学者には、大学の方針に合わせて学説を曲げて講義をする義務などない。寄川博士の学説に反対な者には、それを批判する学問表現の自由が許されているだけで、そういう討論を経て発展して行くのが学問である。

さらに、宗教団体が設立したいわゆるミッション系大学における学問の自由について、この際、言及しておきたい。

まず、ある教団がその博愛主義と経済力の故に大学を設立した例は多い。そこでは、教団の人々が国家に対して大学設立の認可を申請し、その認可が下りた瞬間に、教団とは別人格の大学（学校法人）が生まれたのである。つまり、それは大学であり宗教団体ではないということである。

大学において「宗教」が語られる場合、それは哲学、歴史学、民族学、社会学等の科学の対象として語られるもので、信仰・布教の一環として語られてはいけないのである。そこでは、学者として教授が、様々な宗教・宗派を科学の対象として批判的に論評する学問の自由が保障されている。

だから、宗派内の日曜学校の説教師ではあるまいし、大学の一教授が学説として特定の宗派の教義に批判的であるからといってその地位を奪うなどという発想自体が大学人として論外である。これも、学説には学説批判で対応するのが大学人としてのマナーである。

まるで、単なる人間的な好き嫌いに起因するパワハラを見ているようで、情け無い。

第二節　浅野健一「授業を無断録音し教授を解雇した明治学院大学の犯罪」（『紙の爆弾』二〇一七年三月号）

東京都港区白金台にある明治学院大学（明学大、松原康雄学長）といえば、日本最古のミッションスクールで、いまでは「ＳＥＡＬＤｓ」が誕生したリベラルな学風で知られるが、この大学で教職員がある教授の講義を無断録音して、教授が教室で大学批判をしたとして懲戒解雇し、教授側が東京地裁に地位確認の裁判を起こすという紛争が起きている。

筆者も三年前、理解不能の理由で定年延長を拒否されて同志社大学から完全追放され、京都地裁で地位確認訴訟を起こしており、今年三月一日に判決が言い渡される。一方、文部科学省の元高等教育局長が早稲田大学教授に天下りした問題も発覚した。明学大事案をきっかけとして、「大学教授」のあり方を考えたい。

大学ぐるみで隠し録り、盗聴

一月七日付の東京新聞に〈無断録音「学問の自由侵害」解雇の元教授、明治学院を提訴〉という記事が載った。このニュースは他紙には出ていない。同記事によると、授業を秘密録音（盗聴）されたことを告発して解雇されたのは倫理学を担当する寄川条路・明学大教養教育センター教授（五五歳）だ。

寄川氏は昨年一二月二八日、明学大を運営する学校法人明治学院に教授としての地位確認と、慰謝料など約一、三七〇万円を求める訴訟を東京地裁に起こした。

訴状などによると、寄川氏は二〇一五年四月の講義で、大学の運営方針を批判したことなどを理由に、同一二月に大学側から厳重注意を受けた。大学側は、授業の録音を聞いて寄川氏の批判を知ったと認めたため、寄川氏は学生が何らかの情報を知っているかもしれないと推測。テスト用紙の余白に大学側の教授の名前を挙げ「録音テープを渡した人を探している」と印刷し、呼び掛けた。これに対し大学側は、その教授が録音に関わった印象を与え、名誉毀損に当たるなどとして昨年一〇月一七日付で懲戒解雇した。

寄川氏は文学博士で、『ヘーゲル哲学入門』や『初期ヘーゲル哲学の軌跡』などの著書があり、「紀川しのろ」の筆名で随筆家としても知られ、和辻賞（日本倫理学会）、日本随筆家協会賞などを受賞している。一四年一〇月には、東京都内の古書店でドイツの哲学者ヘーゲルの自筆書き込み本を発見し話題になった。

寄川氏は同年一〇月二八日、東京地裁に労働審判の申立を行なった。一二月八日に地裁は「解雇は無効だから復職を勧める」とし、復職させるよう大学側を説得したが、大学側は「復職ではなく金銭解決を望む」と表明、寄川氏は「金銭解決ではなく復職」と要望したため、地位確認訴訟に移行することになった。

大学側は労働審判で秘密録音の事実を認めた。寄川氏の授業を盗聴したのは教養教育センター長の黒川貞生教授で、実際に授業を録音したのは、大学によれば「教職員」とのことで特定されていない。

授業を録音していたのは大学の方針を批判している教員を処分するためで、録音テープを使用していたのは、調査委員長の嶋田彩司教授（元センター長）。解雇理由は「懲戒解雇と普通解雇」の二つがある。懲戒解雇の理由は「授業の秘密録音が行われていたことを、関与した教員の名前を挙げて告発した行為。授業で学生に公表し、学内の人権委員会、教授会、教員組合に、学外の裁判所、マスコミ、文部科学省などに、通知したこと」など。普通解雇の理由は、「授業の内容と教科書の内容が大学の権威とキリスト教主義を批判しているから」だとされた。

東京新聞の記事によると、大学側は労働審判で職員による録音を認めたうえで「録音したのは実質的には授業でなく、（年度初めの）ガイダンス。授業内容を根拠としての解雇ではない」と説明した。

授業の盗聴は教育の自由の侵害

これに対し、寄川氏は「授業の盗聴や秘密録音、録音テープの無断使用は不法行為である」「授業や教科書の検閲は、表現の自由、学問の自由、教育の自由の侵害である」と主張している。

寄川教授はこう訴えている。

〈副学長によれば、明治学院大学では、授業の盗聴が「慣例」として行なわれており、今回の秘密録音も大学組織を守るために行ったとのことだ。同大学では、大学の権威やキリスト教主義を批判しないように、授業で使われる教科書や配付される資料を事前に検閲したり、提出された学生の答案用紙を無断で抜き取って検閲したりしていた。今回の事件については、授業を秘密録音して教員を解雇した「目黒高校事件」と同様、表現の自由、学問の自由、教育の自由をめぐって、これから本裁判で争われることになる。

なお、明治学院大学は今年（一五年）、教養教育センターの教員と科目の二〇パーセント削減を決めていた。〉

寄川氏はメディア関係者へ送ったメールに、次のような〈小論「盗聴される大学の授業」〉を付けた（要約・抜粋）。

〈相手に知られることなく無断で会話や電話を録音する「秘密録音」が社会に急速に広がっている。（中略）大学の授業も例外ではない。熱心な学生が復習のために授業を録音するのではない。休んだ学生のために録音するのでもない。そうではなく、教授が何を話しているのかをチェックするために、大学が授業を録音するのだ。

大学では、教室にこっそり忍び込んで、学生に気づかれないように授業を録音して、教員を処分するための証拠に仕立て上げる。録音資料は本人のいないところで使用し、だれが録音したのかはわからないように隠しとおす。

先生たちは、自分の授業が録音され、ほかの先生たちに聞かれているのではないかと、おびえながら授業

を進めていく。教員同士の信頼関係はくずれ、そこに学生たちも巻き込まれていく。（中略）
大学の講義を盗聴しても、秘密録音しても、録音テープをかってに使用しても、何とも思わない大学教授の集団が、体制に順応し、組織を守り、規則に従い、国家に奉仕する、そうした模範的な青年を作り上げていく。標的とされるのはまずは思想系の教員で、哲学や倫理学を担当する教員が大学から排除される。空いたポストに実務経験者が学長推薦で採用され、就職のための教育を施す。実務教育に馴らされた学生たちは、飼育されて去勢され、りっぱな大人となって社会へ送り出されていく。異様な光景を見た若い先生は別の大学に移っていき、ベテランの先生はうつ病で辞めていく。こころの病で休んでいる先生は大学にも多い。
かつて、授業の盗聴をめぐって裁判があった。録音資料をもとに教員を解雇した学校は違法ではないと主張し、解雇された教員は違法だと主張した。裁判所の判決は、教員の同意なく授業を録音することは適切な手段ではなく、そのようなことをすれば、「教育の自由の空気」が失われ、「教員の授業における自由および自主性」も損なわれるから、不当な支配に当たるというものだった。
まっとうな判決だが、ことは法律の問題だけではないだろう。（中略）
いつだれがどこで自分の声を録音しているのかわからない。大学のキャンパスからは、雑談や世間話をする声が消えてしまった。教室とは盗聴とか秘密録音とかをするところではなく、安心して教員と学生が自由に議論のできる場でなければならない。〉
寄川氏の解雇理由には、彼が教科書にしていた紀川のしろ著『教養部しのろ教授の大学入門』（ナカニシヤ出版、二〇一四年）も挙げられ、大学側は、「大学一般、明治学院大学、キリスト教主義への愚弄」などを問題にしている。

この本では、平成学院大学（仮名）での教養科目を教える教授の一年がユーモラスに描かれている。無意味な教授会、大学の教員採用人事のいい加減さ、大学紀要の実態がリアルに描かれている。本の帯には「大学で教えるためには国家資格も教員免許もいらない。大学の先生になるための採用試験もなければ、教育実習もない」などとある。あとがきには、「世間の常識は大学では通用せず、大学の常識は世間では非常識となる」とあった。受験生や保護者が、日本の大学がどういうところかを知るには最適の本だ。

名前も名乗らない明学大広報課長

東京新聞の記事では、明学大広報課は「懲戒処分は手続きに沿って適正に判断した。個別案件についてはコメントできない」としている。私は一月一六日、同広報課に電話したところ、「ソメカワ」という職員が対応した。彼女は、「（寄川氏の件は）係争中の案件なのでお答えできない。個別の案件の取材には応じられないということだ」と取材を拒否した。

彼女は電話の最初に名前を名乗ったが、「大学の見解を広報課が伝えているので、私の名前、役職は言えない」と言い張った。「いまどき、広報課スタッフが氏名を言わないのは官庁にもない。課長などの管理職に代わってほしい」と私が言うと、「私が広報課長だ」と言った。そこで、広報課長の姓名を確認するため総務課に電話した。アオヤマと名のった課長は「取材なら、広報課にすべて任せる。広報課が判断したことについて何も言えない。私の氏名も言えない」と述べた。大学の総務課によると、私に対応したのは染川真由美・広報課長と青山尚史総務課長（元教務課長）だ。

寄川氏は一月二四日、私の取材に次のように述べた。

「大学側がいう『その教授が録音に関わった印象を与え、名誉毀損に当たる』とする教授は、調査委員会委員長の嶋田彩司教授です。録音者は教務課職員か黒川センター長と思われるが、特定されていません。録音が確認できているのは、全一五回のうちの第一回目の授業。大学側は、一回目の授業を『通常の授業』ではなく『授業ガイダンス』と呼んでいます。一回目の授業で行なわれたのは、大学の授業の運営方針（＝履修者制限）への批判です。五五六人収容の大教室なので教職員がいても気付かず、実際、教室の中に職員らしき人がいたことがあります。教室のドアの向こう側で教務課職員がスマートフォンを操作していたことや、教授会を教務課職員が盗聴していたこともあります」

寄川氏がこの事案を知らせた団体、組織の反応については、こう話した。

「学内の人権委員会、教授会、教員組合は取り上げない。朝日新聞と読売新聞は電話取材。東京新聞は面談取材。文科省は反応なしでした。メディアで報道したのは、私が知るかぎり、東京新聞・中日新聞だけです」

寄川氏は「言いたいことは多々あるが、代理人の弁護士と相談したところ、裁判が終わるまでは、情報は大学側にも伝わるため、できるだけ公開しないほうがよいということなので、しばらくがまんしている。裁判が終わってから、存分に表現したい」と言っている。確かに、裁判になると、どんな組織も自己防衛のために何でもやってくる。裁判に勝つことが何より大事なので、賢明な判断だと思う。

東京新聞以外の報道機関がこの事案を報道しないのはおかしい。新聞社にとって大学は重要な広告収入源などで、記事にしないのではないかと疑ってしまう。

「日本最古のミッションスクール」で盗聴

明治学院はヘボン式ローマ字で知られるジェームス・カーティス・ヘボンが一八六三年横浜に開いた「ヘボン塾」を起源として「キリスト教主義教育」を掲げ、教育の理念を「Do for Others」（他者への貢献）としている。

明学大の寄川氏に対する解雇攻撃と被告・明治学院の言動は常軌を逸している。弾圧された側が授業で学生に無断録音の事実を公表し、大学内外に事案を伝えるのは当然だ。解雇理由が「大学の権威とキリスト教主義を批判しているから」というのは、大学とキリスト教主義の自殺行為だろう。教員の授業を盗聴した者が処分を受けるのならわかるが、「授業を盗聴され秘密録音されたことを大学に告発した」教授が懲戒解雇されるというのは理不尽だ。

中山弘正・明学大名誉教授（元明治学院院長、経済学）は「大学が教員の教室で話したことを録音するなどということは、あってはならない。退職して一三年もたつので、この件については何も知らないが、私がいた時には、そういうことは一度もなかった」と話している。

中山氏は一九九五年六月に、明治学院の戦争責任を告白した。学校法人明治学院はこの告白文を入れた『心に刻む　敗戦五〇年・明治学院の自己検証』を発行、その冒頭にこう書いている。

〈日本国の敗戦五〇周年に当たり、明治学院が先の戦争に加担したことの罪を、主よ、何よりもあなたの前に告白し、同時に、朝鮮・中国をはじめ諸外国の人々のまえに謝罪します。また、そのことを、戦後公にしてこなかったことの責任をもあわせて告白し、謝罪します。〉

また、この告白文には、戦時中に国策に協力した「日本基督教団」の〈「統理」冨田満牧師は自らも伊勢神宮を参拝したり、朝鮮のキリスト者を平壌神社に参拝させたりしました（一九三八年）〉という指摘や、〈一九三九年、明治学院学院長に就任した矢野貫城氏は、宮城遥拝、靖国神社参拝、御真影の奉戴等々に大変積極的に取り組みました〉という記述があった。最後に告白は、海外に軍隊を派遣し始め、「殉国」の思想が現代的装いをもって、じわじわと日本社会のなかに浸透していると指摘し、この邪悪なる時代に対処する力を備えるよう訴えている。

明学大がいまやるべきは、教員の「監視」ではなく、戦前を取り戻そうとする邪悪な安倍政治への批判ではないか。

第三節　タケナカシゲル「授業盗聴・教科書検閲・理事会乗っ取り——いま大学で何が起きているのか？」（『紙の爆弾』二〇一八年四月号）

おどろいたことに、大学の教職員の手で寄川元教授の授業の盗聴が行なわれたのだ。その真相を究明しようとして学生に情報提供を呼びかけたところ、懲戒処分の理由にされたのである。

大学側が問題視しているのは些細なことばかりだが、講義の根幹にかかわるものもある。明治学院大学（横浜の教養教育センター）では大教室授業の問題点が指摘されていた。学生の私語で講義に集中できないというものだ。そこで大教室の授業を三〇〇人に制限しようとしたところ、寄川元教授がこれに反対したのである。寄川元教授の担当課目は、共通科目の倫理学である。受講生はトータル一二〇〇人ほどで、元教授は学内外で人気教授として知られている。明学の卒業生が非公式サイトとして運営している「明学ＬＩＦＥ」から紹介記事を引用してみよう。

「明治学院大学でもっとも知名度が高い、倫理学を担当している寄川条路先生をご紹介します」「寄川先生は学内でもっとも人気のある先生です」「倫理学とは捉え方によってはどんな見方もできる学問です。寄川先生の授業では、日々の生活に潜む事象を俯瞰的に見てみる授業だった気がします」

この記事は救済措置のレポート提出にもふれて、就活で出席できない学生への配慮に感謝が述べられている。

「話し方も優しさに溢れていて、授業の内容がすんなり耳に入ってくる」

ややバイアスがかかっているとはいえ、寄川元教授が人気講師であることに間違いはないだろう。単に人気講師というだけではなく、彼は和辻賞（日本倫理学会）を受けるなど、ヘーゲル研究の第一人者のひとりである。著書や論文の業績も多い。「紀川しのろ」という筆名で日本随筆家協会賞を受賞している随筆家でもある。

受講生三〇〇人限定をめぐる攻防

五〇〇人をこえる大人数でも授業を切りまわせる人気教授にとって、三〇〇人限定は、来る者は拒まずという信念を侵されたに等しい。しかし、その反対意見は封殺された。受講生制限に例外は許されないとセンター長から通告された寄川元教授は、思いきった対抗措置に出る。学生向けのプリントに「抽選に漏れた人たちは、私にではなく教務課に抗議してください」と書き添え、教務課との軋轢が生まれた。

そして極めつけは、教科書の内容が解雇理由になっていることだ。およそ焚書と呼ばれる行為でなくて、これが何であろうか。処分は懲戒解雇とはべつに一般解雇というかたちで補強されているが、その理由が教科書採用していた『教養部しのろ教授の大学入門』（ナカニシヤ出版）なのである。同書では架空の平成学院大学を舞台にユーモラスに大学が語られ、読者が大学を知るには格好の書だ。掛け値なしにおもしろい本だが、大学を「人間動物園」に例えたくだりが問題にされた。

公判では「先生はこの大学にきて五年になりますが、その前は一三年間、愛知の幼稚園の園長をしていました」と授業で話したことも問題にされた。事実は愛知大学の法学部教授である。公判で「原告は、（幼稚園の先生だと）学生にウソをついたのですか？」と被告側弁護人に問われた寄川元教授は「（弁護士）先生、講義は事実を述べる場ではないんです」と答えて、傍聴席を笑わせた。おそらくここに、この懲戒処分事件の本質の一端が顕われている。というのも、冒頭の弁護人の「誤解」がじつは、ためにする「曲解」であるからだ。人気講師の講義をこころよく思わない、派閥的な組織の意志がそこに働いているのではないだろうか。自身も停年延長を恣意的に拒否され、地位保全の裁判闘争を行なっている浅野健一・同志社大学大学院教授は公判を傍聴して「嫉妬ですよ、研究者特有の。人気のある研究者を陥れようとする陰謀です」と感想を述べていた。

組織の一員でありながら、個人事業主としての側面をもつ研究者たちの競争意識は、しばしば醜い嫉妬として顕れる。派閥をつくっては保身し、ライバルを追い落とそうとする。それは明治学院大学に限ったことではない。

それにしても、講義内容の盗聴と教科書の検閲である。思想・表現の自由を、大学がみずから掘り崩したのだ。そして明らかに意識的な「誤解（曲解）」をもって、懲戒解雇という処分が行なわれたのだ。これまで大学の教員はハレンチ犯罪で逮捕されない限り、処分は受けない存在だと考えられてきた。それがリベラルアーツの教養主義がほんらい持っている、学問の自由・独立という精神の礎であるからだ。

ところが、大学を舞台にした解雇事件やパワハラ、ガバナンスをめぐる紛争は少なくない。札幌学院大学の片山一義教授が主宰する情報サイト「全国国公私立大学の事件情報」には、おびただしい数の不当解雇や権利侵害事件が掲載されている。その根っこにあるのは大学経営の危機であろう。十八歳人口がいく度目かの減少に転じる二〇一八年、二〇二〇年問題（入試改革）に備えて、各大学が人員削減につとめてきた。その基調は、人文科目の削減と理系科目の統合・新設である。

明治学院大学においては一六年に教員の二〇％削減が発表され、非常勤講師の雇い止めが行なわれてきた。人文系のカリキュラムを削る代わりに、人間環境学部という新学部の準備が進んでいるのだ。これで解雇の背景がわかった。この解雇は最初から計画されたものだったのだ。寄川元教授の解雇に積極的だった黒川貞生教養教育センター長が、まさに体育の教員として、副学長とともに新学部設置の先頭に立っているのだから。スポーツ学科を擁する新学部設置のためにこそ、寄川元教授が狙い撃ちにされたのだ。事実、現代思想系の教員が二人雇い止めになっている。

かように、リベラルアーツと学問の独立が危機に瀕する事態が頻発している。そして文部科学省官僚の天下りがそれに拍車をかける。

第七章　大学の危機と人権侵害
——学術書籍から——

第一節　「明治学院大学事件」を取り上げた本

明治学院大学事件について言及した本が出版されているので、代表的なものを二つほど紹介しておきたい。一つは、公共哲学を実践する小川仁志の『公共性主義とは何か』であり、もう一つは、教育行政に詳しい高木秀男の『基本的人権としての自由をめぐる攻防』である。

一　小川仁志『公共性主義とは何か――〈である〉哲学から〈する〉哲学へ』（教育評論社、二〇一九年）

大学教授は偉そうにしているように思われがちだが、ただの被用者にすぎない。だから解雇をちらつかせられれば、もう何もできなくなってしまうのだ。それこそ終身身分を保障するなどよほどの保障がない限り、ただのサラリーマンにすぎない。上司の恫喝の前では何もいえなくなってしまうか弱い立場なのである。

さすがに国立大学ではそこまで露骨なことはないが、私立大学では建学の精神を批判したことが遠因で、最終的に大学教授が解雇されるに至ったケースもある。最近の例でいうと明治学院大学事件がそうである。(注1)

所属するキリスト教系大学の建学の精神を批判したことで、授業を無断録音されたY教授は、そのことを大学に抗議した。すると、こともあろうに大学側は、Y教授に解雇をいい渡したのである。地裁ではY教授が勝訴したが、そもそもこんなことがまかり通ること自体に問題がある。

国立私立の別を問わず、大学という存在はすべからく公共空間であるべきである。皆が自由に発言し、批判し合える場であるべきだということである。そうでないと、学問の発展は見込めない。忖度や遠慮があってはいけないのである。真理の探究は政治とは異なる。現実に合わせるための妥協は議会や取締役会でやればいいのであって、学問の場でやることではない。まさに大学の危機である。(注2)

【注】

（1）事件の概要については、寄川条路編『大学における〈学問・教育・表現の自由〉を問う』（法律文化社、二〇一八年）に詳しい。

（2）この問題については、寄川条路編『大学の危機と学問の自由』（法律文化社、二〇一九年）に掲載された拙稿「大学教授とは何か?」を参照。

二　髙木秀男『基本的人権としての自由をめぐる攻防
――大学人・知識人・文化人たちの戦前・戦中・戦後』（科学堂、二〇一九年）

二〇一五年に起きた明治学院大学不当解雇事件を紹介したい。この事件は、大学当局が寄川条路教授に無断で授業を録音し、無断録音を告発した寄川教授を逆に懲戒解雇した事件である。大学当局の真の狙いは、大学の運営方針に批判的な教員をマークし、授業内容を盗聴し、使用している教科書の検閲を行なって弾圧の材料とし、大学から排除することにあった。そのため、この事件はまさに学問の自由や教育の自由が争点となって裁判で争われた。事件の核心については、寄川条路編著の『大学における〈学問・教育・表現の自由〉を問う』(注1)に詳しいので参照されたい。この本は、主として裁判所に提出された憲法学者の、この事件に対する優れた意見書によって構成されている。

中でも志田陽子武蔵野美術大学教授の「懲戒における適正手続の観点から見た解雇の有効性」は、私立大学教授の懲戒解雇事件という「学問の自由」や「教育の自由」に直接関わる問題を、日本国憲法と労働関係法に基づいてまず判断のための原則を論じたうえで、その原則に照らして懲戒処分手続が適正であったかどうか、詳細かつ丁寧に理路整然と論を進めて「本件解雇は無効」との結論を出しており、筆者の憲法学者としての並々ならぬ力量が一読してわかる傑出した論文となっている。

大学教員も労働法による各種の権利保障を受ける被雇用者である。労働者の権利保障の背後には、日本国憲法による人権保障の要請が存在する。また一方で、大学教員の職務には、憲法二三条によって保障される「学問の自由」という枠組みの中で研究および教育活動を行なうという特殊性があるために、その雇用のあり方や勤務実態についても特有の要素を考慮すべき部分がある。(注1)

本件はこうした複合的な要素を含む事件であり、ここで生じている法的論点は、大学内部における慣習的対処と、労働者としての大学教員に対する法的権利保障という両者の背後に存する、憲法論上の緊張関係が顕在化したものである。したがって、本件における労働法上の論点を考察する際にも、憲法を議論の射程に含めなければならない。このような観点から志田教授は、この意見書で被告による原告への処遇が、憲法上の基本的人権、具体的には「法の適正手続」「表現の自由」および「人格権」に照らして不当なものでなかったかという点を考察した。(注1)この意見書は、いま多くの大学で起きている不当解雇事件(注2)に普遍的に使える貴重な内容を含んでいるので、基本文献としてぜひ多くの人に読んでもらいたいと思う。

なおこの裁判で東京地裁(江原健志裁判長)は二〇一八年六月二八日、被告が原告に対してなした解雇は、解雇権の濫用に当たり無効であると判示し、原告が労働契約上の権利を有する地位にあることを確認し給与の支払いを命じた。ただしこの裁判は、現在も東京高裁で引き続き争われている。(注3)(編者注:その後、東京高裁で和解が成立して終結した。)

【注】

(1)寄川条路編『大学における〈学問・教育・表現の自由〉を問う』(法律文化社、二〇一八年)。

(2)ホームページ「全国国公私立大学の事件情報」(http://university.main.jp/blog/)。

(3)寄川条路「実況中継「明治学院大学事件」」『情況』(二〇一九年冬号)。

第二節　検閲されていた教科書

つぎに、明治学院大学が普通解雇理由として挙げていた教授の本を紹介しておく。大学側は裁判において、教授が大学の教育理念であるキリスト教に反する本を書いていたこと、それらの本を授業用の教科書として使っていたことを、普通解雇理由として主張していた。

「教授の本は、キリスト教主義を誹謗中傷し、大学の名声を著しく傷つけるものであるから、教授は、明治学院の教員として不適切であり、大学の教員としても不適切である」（明治学院大学）

裁判になって明治学院大学は、教授の書いた本をもとに教授が大学教員として不適切であると主張したが、裁判所は、大学の主張をことごとく退けている。裁判所の判断はともかく、被告である大学の主張として成り立つのかどうかは、実際に本を読んでみて、読者に判断してもらいたい。

原告の教授が書いた本は三〇冊ほどあるが、そのうち大学が解雇理由として挙げた本は、つぎに挙げる五冊である。それぞれの本に付けられた紹介文を載せておく。なお、教授の本で、倫理学にかかわる専門書や研究書は本名で書かれ、小説や随筆などのフィクション（創作）は筆名で書かれている。著者名にある「紀川しのろ」は、教授の筆名である。

一　紀川しのろ『随筆集　カサブランカ』（日本随筆家協会、二〇〇八年）

第五七回日本随筆家協会賞を受賞した作品「カサブランカ」を収録した随筆集であり、「言葉と感情の間にムダなよどみがない」と選評で絶賛された傑作集である。収録された内容は、家庭の日常風景から海外の社会動向まで、学校の周辺事情から仕事場での姿まで、読んで楽しいアカデミック・エッセイとなっており、やさしい文章とソフトな語り口で、大学という身近な世界を描き出している。

二　紀川しのろ『日々の栞』（角川学芸出版、二〇一〇年）

一家の父として、学校の教員として、そして一人の人間として、日々の風景を描いた珠玉の随筆集である。日常の風景から家庭の情景まで、学校と子どもから職場としての大学まで、読んで楽しいアカデミック・エッセイとなっており、やさしい文章とソフトなタッチが身近な世界を描き出す。娘たちへの想いを綴った「姉妹」、大学教員の裏話を描いた「就職活動」など、四〇編の随筆を収録する、著者のエッセイ集第二弾である。

三　紀川しのろ『教養部しのろ教授の大学入門』（ナカニシヤ出版、二〇一四年）

教養部で倫理学を担当するしのろ教授が、ユーモラスに大学の現状を紹介しながら、ときにはシリアスに大学生の学力低下を嘆きながら、大学教授の本音を交えて、大学の一年間を紹介するものである。高校生や新大学生には新鮮な内容であり、卒業生にはどこか懐かしい、新感覚の大学入門である。ベストセラーとなった本書は、昨今の大学生の実態を描き出した、先生の本音が丸見えの大学入門であるといえる。

四　紀川しのろ『教養部しのろ准教授の恋』（ナカニシヤ出版、二〇一五年）

二〇〇八年に日本随筆家協会から刊行された『カサブランカ』を改訂し、加筆削除のうえ書名を改めたものである。収録内容は、前掲の『教養部しのろ教授の大学入門』の時間を巻き戻して、学校での恋や家族の絆や日常のささやかな出来事をドラマとして描き出す、「しのろ教授」シリーズ第二弾ともなっている。

五　紀川しのろ『シノロ教授の大学事件』（世界書院、二〇一九年）

明治学院大学事件の小説化で、ミッションスクールの「令和学院大学」を舞台に大学教授の受難を描いたフィクションである。若者の半数以上が大学に進学し大学の数が多すぎて余っている現代、教員の人員削減のために策を弄する大学側の思惑と、それを阻止するための作戦を展開する学生たちの行動がユーモア溢れる筆致で描かれている。学生に絶大な人気のあるラクタン倫理学のシノロ教授を主人公に、「シノロ教授の登場」「シノロ教授の災難」「シノロ教授の逆襲」「シノロ教授の教訓」という起承転結でアカデミックな世界で巻き起こった事件を形而上学的弁証法も交えて描いたキャンパス小説であり、今時の大学や大学生たちの生態を揶揄しているような諧謔味が最大の特色ともなっている。

第三節　ブックレット「学問の自由」シリーズ

編者は、明治学院大学事件をきっかけにして、大学における学問の自由・教育の自由・表現の自由について考えるようになった。そして、大学関係者と協力してこれまでにもさまざまな主張や意見をまとめたブックレットを刊行してきた。本書はブックレット「学問の自由」シリーズの第五弾に当たるので、シリーズの第一弾から第四弾までの内容を手短に紹介しておきたい。

一　寄川条路編『大学における〈学問・教育・表現の自由〉を問う』（法律文化社、二〇一八年）

日本の大学における「学問の自由・教育の自由・表現の自由」について、三名の憲法学者が裁判所に提出した意見書を編集して収録したものである。まずは、学問の自由・大学の自治・信教の自由についてその理念を歴史的に説き起こし、つぎに、私立大学における建学の精神や公権力からの自由について論じ、そして、明治学院大学事件における懲戒解雇と普通解雇が無効であることを綿密に論証していく。これによって学問・教育・表現の自由が失われつつある日本の大学の現状を問い直す。

序　章　盗聴される授業、解雇される教員（寄川条路）
第一章　学問の自由、大学の自治、信教の自由（小林節）
第二章　私立大学における教育の自由（丹羽徹）

第三章　懲戒における適正手続の観点から見た解雇の有効性（志田陽子）
第四章　「明治学院大学事件」判決の主文（東京地方裁判所）
第五章　「明治学院大学事件」判決の解説（太期宗平）
終　章　「明治学院大学事件」についてのよくある質問Q＆A（寄川条路）

二　寄川条路編『大学の危機と学問の自由』（法律文化社、二〇一九年）

日本の大学が直面する危機を乗り切ることで大学における「学問の自由・教育の自由・表現の自由」を守ろうとする論集である。まずは、明治学院大学事件をきっかけにして大学教授とは何かという基本的な問題提起があり、大学本来の公共的なあり方を構築するための積極的な提言がなされる。つぎに、法人化した大学運営と弱体化した教授会自治の帰結として、国公私立大学の諸事件が扱われる。そして、軍産官学連携へ向かう昨今の大学に対し、人文・社会科学による倫理を構築する提言がなされる。

序　章　大学教授とは何か？（小川仁志）
第一章　明治学院大学「授業盗聴」事件とその後（寄川条路）
第二章　大学人の理性の「公的使用」（福吉勝男）
第三章　国立大学法人化による教授会運営の変化——教育学部を例として（野中善政）
第四章　岡山短期大学「障害者差別」事件（山口雪子）
終　章　人間学的「学問の自由」を求めて——軍産官学連携への警鐘（石塚正英）

三　寄川条路編『大学の自治と学問の自由』（晃洋書房、二〇二〇年）

大学の自治をメインテーマにして、まずは、大学の現状を踏まえ開かれた大学の自治への転換を予測し、つぎに、学問の自由の基盤変化を振り返って法人化とガバナンス改革を問い直す。そして、法の立場から大学の自治と学問の自由を検討して、そこから大学で発生したさまざまな事件を解明していく。さらに、建学の精神や教育理念に反して大学が排他的になり順応が優先されていることを指摘し、大学の管理運営方法を再現することで大学の現状を把握して対策を考えていく。

四　寄川条路編『表現の自由と学問の自由――日本学術会議問題の背景』（社会評論社、二〇二一年）

近代的な価値観が崩壊した今日、表現の自由や学問の自由という西洋的な思想も多方面から問題視されている。そこで、現代日本の大学において学問・表現・教育の自由が阻害されている事例を指摘し、ついで大学の教員が本来の職務である研究と教育に専念する方法を検討し社会に貢献できる方法を模索する。このためにも、リベラルな民主主義を基礎として、私たちがオープンな対話に耐えられる力を身に付け、互いを認め合う文化をつくりあげることが大切であると説く。

終　章　紛争終結ではなく真相究明を
――裁判経験から――

第一節　絶対王者と傭兵

裁判を経験してわかったのは、なぜ裁判官が「絶対王者」と呼ばれ、弁護士が「傭兵」と呼ばれているのか、ということだった。

裁判にのぞむ当事者にとっては一生に一度の大事件であっても、裁判官にとっては毎日のルーティンであり、できるだけ早く片付けたい雑務にすぎないことはよく理解できる。同じように、弁護士にとってはビジネスチャンスであり、できるだけ短時間に多くの報酬を得るための商売にすぎないこともよくわかった。

裁判官と弁護士のどちらにとっても裁判は所詮「仕事」なのであり、もっといえば裁判官を挟んで双方の弁護士が互いに金額を出し合うだけの「競り」にすぎなかった。

裁判を経験した人からは、裁判所も弁護士も強く和解を勧めてくると聞いていたが、まさにそのとおりであった。裁判の目的は真実を明らかにすることではなく、争いを終わらせることであると念を押されていたものの、電卓を打っているだけの裁判官と弁護士を目の当たりにして、裁判の現実を思い知った。

教科書に書いてある「基本的人権を擁護する」とか「社会的正義を実現する」とかは弁護士のセールス文句にすぎず、「双方の主張をよく聞いて公正に判断する」というのも裁判所のリップサービスにすぎない。

憲法学者の支援を受けた原告側が法廷で「授業の盗聴は学問の自由の侵害である」と主張したところ、裁判長から「憲法判断を求めているのか」と聞かれたことがある。弁護士が黙っていたので、原告本人が「はい」と元気よく答えたのだが、そのときに見せた裁判長の困ったような顔はいまでも忘れられない。

業界では「憲法判断回避のルール」と呼んでいるそうで、事件を解決できるのであれば、裁判所はわざわざ憲法に関する判断をしなくてもよいのだという。結果的に、裁判所の判断は、肩透かしを食らったといってよいほどあっさりしたものだった。

最後に、裁判をはじめて経験した一個人として、率直な感想を述べておきたい。

第二節　裁判所の事実認定

裁判には大きく分けて民事と刑事の二種類があり、日本の民事裁判は当事者の弁論主義と裁判官の自由心証主義からなっているという。

当事者の弁論主義とは、争っている双方が互いに自らの主張を展開し、その主張を裁判官に認めてもらうために、自分で証拠を提出するというものである。したがって、当事者はどちらも自分の主張を裏づけるために有利な証拠は出すが、自らが不利になるような証拠は出さない。かといって裁判官が事実を認定するために当事者に対し証拠を出すよう求めることもない。

裁判官の自由心証主義とは、裁判官が双方から話を聞いて、確からしいと思われるどちらか一方の話を事実だと認めるものである。そのうえで裁判官は、事実と認められたものが既存の法律に違反しているのかどうかを判断する。すなわち、裁判官は、双方の事情を斟酌して、双方の主張を真実と認めるべきか否かを判断するわけである。

裁判での事実認定は、「Aは事実である」とか「Bは事実ではない」とはならず、「Aは事実であると認められる」とか「Bは事実であるとは認められない」となる。つまり、裁判で求められるのは、「何が事実であるのか」あるいは「何が事実でないのか」ということではなく、「何が事実として認められるのか」あるいは「何が事実として認められないのか」ということである。

注意すべきは、裁判官が求めているのは、学問が探究するような「普遍的で客観的な真理」ではない、ということである。いつでもどこでもだれにでもあてはまるような学問的真理は、裁判でははじめから要求されてはいない。

裁判官自身が認めているように、裁判上の「事実」とは、裁判官個人にとっての「主観的で相対的な真実」にほかならない。したがって、裁判官の判断は結局のところ、客観的な事実に基づく客観的な判断ではなく、裁判官個人が自らの心のうちに抱いた内面的な印象にとどまることになる。これが「心証」と呼ばれるものである。

実際のところ、本件でも裁判所の事実認定は、客観証拠に基づいていなかったので論理性も必然性もなく、学問の真理性からは遠く隔たっていた。もっといえば、裁判所の事実認定には三種の誤りがあった。まずは、客観証拠に反する事実認定であり、つぎに、客観証拠に基づかない事実認定であり、そして、当事者間に争いのない事実に反する事実認定である。とくに三番目の誤りから、裁判所の事実認定がいかに杜撰なものであるのかがよくわかった。

裁判所が作成した判決書や証人調書を読むと、誤記があまりにも多いことに気づく。大学側から人物の取り違えを指摘されて、裁判所はあとから訂正文を出したが、それ以外にも数多くの間違いがそのまま残されていた。裁判所は忙しさにかまけて原告と被告の提出書面をよく読んでいなかったのだろう。

弁論主義の原則に従うならば、これも当事者双方の説明と説得が十分ではなかったということになる。大学側が指摘するとおり、裁判所の判断は裁判官の経験則に基づく自由な心証なのであり、その場合でも、どのような経験則を採用するのかは裁判官の主観に委ねられているから、判断の真実らしさには確度の高いものから低いものまでさまざまあった。

事実認定といっても、それは高度な蓋然性のレベルにとどまっていて、最後のところでは、大学側が「錦の御旗」という言葉で皮肉を込めて裁判所を批判していたように、裁判所の判断はつねに「諸般の事情を斟酌して、総合的に判断したもの」にならざるをえなかった。これが裁判所の事実認定であり、法律判断の拠って立つ根拠である。

第三節　確かさの程度

では、裁判所がよくいう「諸般の事情を斟酌して、総合的に判断したもの」とは何だろうか。「高度な蓋然性」といってもよいのだが、それは、「社会の一般人であれば合理的な疑いを差し挟まない程度に真実であろうと認められるもの」のことである。

ここでは、裁判官が一般人に代わって「真実であろうと認める」のであるから、確かさとは、通常の人であれば「疑わない程度に真実らしいと確信できるもの」で足りる。裁判官の認める確かさがその程度であれば、裁判所の判断が学問的な証明によって反証される可能性を否定することはできず、その余地は多分に残されたままである。

裁判は限られた人間が限られた時間内で処理しなければならない事務なので、裁判所の判断に誤りがあっても仕方のないことではある。だが、学問に携わる者にはいかなる意味でも制限は設定されないので、裁判所の判断の前提となる根拠を問うことも、裁判所によってなされた判断についてさらに批判を加えることも許されるであろう。裁判官や弁護士のような実務家の尺度と、法学者や倫理学者のような学者の尺度は精度も透明度もまるっきり違っているといえる。

大学側が指摘するとおり、本件のように裁判官の心証形成過程が明らかにされていない場合、客観的な批判や論証には難しいものがあるが、しかし本件では、裁判官の事実認定が客観証拠に反することも多数あったので、事実を直接的に知っている当事者双方が、そのつど裁判官の間違いを指摘していた。裁判官はあわてて「まだ書面を読み込んでいないので」と言ってすぐに間違いを訂正していたが、裁判官のその訂正もまた間違っていたので、事実を知っている当事者の一人として、正しい事実認定のためには客観証拠に基づいた論理作業が必須だと思った。

現在では、スマートフォンやパソコンの履歴から特定の人物の行動を正確に把握することができる。本件でも音響学者がデータを分析して大学側の主張や裁判所の判断の誤りを指摘していたにもかかわらず、科学的な分析や学術的な操作は、本件のような民事訴訟ではまったく生かされることはなかった。

第四節　裁判所の法律判断

裁判所による事実認定のみならず法律判断についても双方が納得していなかったので、裁判官に直接その根拠を尋ねたことがある。裁判官は、「法律判断は裁判官が決めることなので」といって、裁判官の自由心証主義に逃げ込んでいた。裁判官が法律判断の根拠を示さなければ、双方の弁護士を納得させることはできないだろう。そもそも裁判官には、弁護士を説得しようとするつもりなどなかったのかもしれないが。

口頭弁論では、大学側の弁護士が過去の判例を持ち出して裁判官の判断に食らい付いていたが、裁判官は同じ言葉を何度も繰り返すだけで相手を力でねじ伏せていた。法廷では、学会ではありえないような一方的なパワープレイが繰り広げられていて、見学していた司法修習生を震え上がらせていた。

地裁でも高裁でも裁判の途中で裁判官は何度も交代し、交代するたびに裁判所の判断は一変した。後任の裁判官は「裁判官の独立」を盾にとって、オセロゲームのように前任者の判断をひっくりかえしていた。最後は、裁判官のほうから、「双方に問題があり双方に反省すべき点があるので、判決ではなく和解のほうがよい」などと言いだしたり、「裁判所の和解案を蹴って判決をとると不利な判決が出てくる可能性が高くなる」とまで脅してきたりした。

判決になると判決文は法学者に批判されるだろうし、敗訴した側は上訴するにちがいないから、裁判官としては双方の弁護士を取り込んで和解で終わらせようとしたのだろう。

第五節　弁護士の「勝ち逃げ」

和解が成立するためには双方の譲歩が必要なのだが、当事者の一方が判決に拘っていたため、和解協議に入っても双方の希望する条件はなかなか折り合わなかった。

協議が暗礁に乗り上げて膠着状態に陥ったとき、担当の弁護士から電話がかかってきた。すぐにも代理人を辞めたいので、それまでの報酬として一〇〇〇万円ほしいとのことだった。突然の辞任と高額の請求に驚いたが、弁護士からは事前に、和解金を第一項目にして金額を明記すること、相手に謝罪を求めると和解金が一〇〇〇万円も減額されること、などの忠告を受けていた。

弁護士にとっての最善は、まずは地裁で勝訴し、そのあとに高裁で退職和解して高額の和解金をもらうことであった。弁護士業界ではこれを「勝ち逃げ」と呼ぶのだそうだ。裁判の当事者としては判決で地位を確認してほしかったし、和解であってもお金以外のことを希望していたのだが、弁護士にとってははじめからお金だけが目当てだったのかもしれない。

和解金については、弁護士の予想どおり一〇〇〇万円の減額になったのだが、それはそれとして弁護士報酬は減額された和解金からそれに応じて支払った。和解ということで、当事者双方にとっては引き分けで終わってしまったのだが、負けなかったということで双方の弁護士は多額の報酬をもらって逃げ果せることができたのだった。

その後まもなくして担当弁護士の法律事務所が東京弁護士会から営業停止処分を受けていたので、金銭和解を急いでいた弁護士にもそれなりの切迫した事情があったのかもしれない。

あとがき

裁判が終わってほっとしていたころ、まったく別の案件が生じてしまった。

明治学院大学「職員」解雇事件を担当した弁護士から、いきなり電話がかかってきた。それによると、職員側の弁護士のところに大学の顧問弁護士からクレームの電話があったのだという。聞けば、明治学院大学を解雇された「教員」が、同大学を解雇された「職員」から職員解雇事件の裁判資料を受け取って、その資料をインターネット上で公開しているのだという。これは守秘義務に違反しているのではないか、とのお叱りの電話であった。

これもまた、明治学院大学の顧問弁護士によるいつもの言い掛かりにすぎないのだが、大学の顧問弁護士は裁判が終わったいまでも、二度も裁判で敗訴したことへの恨みなのか、こうやって事実無根のデマをまき散らしている。

授業を盗聴し無断で録音したり、授業の配付資料を盗み取ったり、学生の答案用紙を抜き取って調査したり、録音関係者を匿ったり、果ては裁判資料を隠そうとしたりと、明治学院大学の悪行にはほとほと呆れかえる。

いうまでもないが、日本では裁判は公開で行われ、裁判資料は公開されている。

明治学院大学の職員解雇事件も教員解雇事件も、どちらの裁判資料も東京地方裁判所で公開されている。

閲覧室に行けばだれでも資料を見ることができるし、関係者であれば資料を複写することもできる。

明治学院大学「教員」解雇事件については、すでに小説化されているので、紀川しのろ『シロノ教授の大学事件』（世界書院、二〇一九年）を手にとって読んでほしい。裁判については、続編の『シノロ教授の大学裁判』で詳しく書くことにしている。

ということで、編者としては、弁護士の金銭ゲームからは抜け出して、学問の自由と表現の自由を行使することに専念したい。

本件「明治学院大学〈授業盗聴〉事件」については、これから裁判資料を公刊し歴史的に記念することになる。待っていてほしい。

なお、本書についての問い合わせは、編者のメールアドレス（yorikawa@gmail.com）までお願いしたい。

〔編者紹介〕

寄川条路（よりかわ　じょうじ）

1961年生。ボーフム大学大学院を修了、哲学博士。愛知大学教授、明治学院大学教授などを歴任。

専門は思想文化論。日本倫理学会和辻賞、日本随筆家協会賞などを受賞。

編著に『表現の自由と学問の自由——日本学術会議問題の背景』（社会評論社、2021年）、『大学の自治と学問の自由』（晃洋書房、2020年）、『大学の危機と学問の自由』（法律文化社、2019年）、『大学における〈学問・教育・表現の自由〉を問う』（法律文化社、2018年）など。

実録・明治学院大学〈授業盗聴〉事件
盗聴される授業、検閲される教科書

2021年8月2日　初版第1刷発行

編　者——寄川条路
発行人——松田健二
発行所——株式会社 社会評論社
東京都文京区本郷2-3-10
電話：03-3814-3861　Fax：03-3818-2808
http://www.shahyo.com

装丁・組版——Luna エディット .LLC
印刷・製本——株式会社 プリントパック

表現の自由と学問の自由——日本学術会議問題の背景——

一〇〇〇円＋税　A5判一二八頁

寄川条路／編

序　章　「学問の自由」は成り立つか？　末木文美士

第一章　「表現の自由」「学問の自由」がいま侵される　島崎　隆

第二章　明治学院大学事件への意見書　山田省三

第三章　大学はパワハラ・アカハラの巣窟　不破　茂

第四章　学問・教育の自由をめぐって——大学教員の研究・教育を阻害する雑務　榎本文雄

第五章　日本学術会議の軍事的安全保障研究に関する声明と報告について　稲　正樹

第六章　学問の自由と民主主義のための現象学　渡辺恒夫

終　章　未来に開かれた表現の自由——志田陽子『「表現の自由」の明日へ』を読む　寄川条路